KB170189

Slavoj Žižek

임박한 파국

임박한 파국

슬라보예 지젝의 특별한 강의

기획 **이택광**
취재 **임민욱 · 홍세화**

꾸리에

Continue with your struggle!
You are the hope for
us all!

Slavoj Žižek

29/6/2/12

계속 싸워나가시길 바랍니다.
여러분은 우리 모두의 희망입니다.

차례

낡은 것이 사라졌는데, 새것이 출현하지 않는 상황이야말로 위기 자체이다. 2008년 경제 위기가 촉발시켰던 '자본주의는 끝났다'는 테제는 한국 사회의 관점에서 본다면 아닌 밤중에 잠꼬대 같은 소리로 들릴지도 모르겠다. 세계대전 이후 미국 중심의 경제 체제를 이끌어왔던 자본가들과 관리자들이 이구동성으로 자본주의의 종언을 주장하는 근거에 대해 한국 사회는 별반 관심을 보이지 않는 것 같다. 여전히 '조정 관리능력'을 중심에 놓고 정치가들을 평가하는 일에 열을 올리고 있으니 말이다.

위기의 근본 원인을 파악하는 것은 요원한 일이고, 급진적인 관점에서 자본주의를 진단하는 작업은 논외로 치부되고 있는 것이 한국 사회에서 목도되는 엄연한 현실이다. 인류가 해결할 수 있는 문제만을 제기해왔다는 마르크스의 말은 '문제의 발견'이야말로 해결책이라는 사실을 암시한다. 정확한 문제를 발견하는 것이야말로 대답인 것이다. 어떤 현상에 대해 급진적인 문제의식을 갖는 것은 그래서 중요하다. 기존에 주어진 것들에 대한 의심을 만들어낼 수 있는 객관적인 입장이 어떻게 보면 이런 문제의식에서 시작하는 것이기 때문이다.

슬라보예 지젝은 자본주의에 대한 급진적인 문제를 제기해온 철학자이다. 임박한 파국에 대해 어떤 근본 대책도 나올 수 없다는 것이 그의 입장이다. 궁금하지 않을 수 없다. 그가 내세우는 대안은 무엇인가? 그는 거시적 차원의 문제의식과 단기적 차원의 문제해결을 이야기한다. 파국에 대한 근본 대책이 없다는 것은 지연시킬 수 있을지언정, 지금 우리가 몸담고 있는 체제의 위기를 극복하는 것이 불가능하다는 사실을 의미한다. 막연한 종말론을 설파하는 것이 아니다. 그의 주장은 자본주의의 종언에 집중되어 있다.

자본주의가 끝난 뒤에 올 수 있는 것은 무엇인지 아무도 예측할 수 없지만, 지금 여기에서 노력할 수 있는 것은 공산주의를 다시 생각해보는 것이라는 주장이다. 여하튼, 자본주의는 더 이상 지속하기 어렵게 되었다는 것이 그의 생각이다. 한국 사회의 입장에서 본다면, 이런 주장은 너무 이상론처럼 보일지도 모른다. 여전히 자본주의를 고쳐서 쓰면 '인간적인 자본주의'를 만들 수 있다고 믿는 분위기가 지배적이니까 말이다. 그러나 과연 그럴 수 있을지 아무도 장담하기 어렵다.

국가 관리의 문제로 간다면, 결국 국가라는 것은 능력을 갖춘 전문가의 영역이라는 말로 귀결한다. 국가의 기능을 강화하거나 반대로 약화해야 한다는 입장 차이를 제외하고, 국가 관리를 전문가에게 맡겨야 한다는 것은 한국에서 진보를 표방해온 이들조차도 자명하게 받아들이는 사실이다. 그렇다면 여기에서 말하는 전문가라는 존재는 지금까지 신보수주의를 통해 인준 받아온 엘리트와 어떤 점에서 다른 것인지 의문이 들 수밖에 없다.

한국에서 나타나고 있는 정치 불신이 궁극적으로 부르주아 정치의 위기를 지칭하는 것이라고 했을 때, 그 해결책으로 등장하는 것은 역시나 '더 나은 전문가'이다. 물론 여기에서 '더 낫다'는 판단의 근거로 도덕의 범주가 추가되었다는 것은 흥미로운 사실이다. 그러나 지젝이 말하는 것처럼, 위기를 능숙하게 처리할 수 있는 전문가는 환상에 불과하다. 아무리 도덕적인 전문가라고 할지라도 자본주의로 인해 야기된 문제를 해결해주지 못한다. 오히려 도덕의 범주는 진짜 문제를 은폐하고, 그 원인을 특정 개인에게 돌리는 우를 범하게 만든다. 중요한 것은 위기를 직시하고, 장기 의제와 단기 대책을 적절하게 배합하는 전략을 세우는 일이다. 이를 통해서 위기를 관리하는 차원을 가로질러서 더 나은 사회에 대한 생각들을 발전시킬 수 있을 것이다.

지젝의 한국 방문은 급진적인 문제의식에 근거한 논의들을 활성화시키기 위해 기획되었다. 이 책은 이런 문제의식을 확인시켜주는 하나의 증거물이다. 한국 방문 기간 동안 지젝이 한국 사회에 던지고자 했던 문제의식들을 고스란히 담아내는 것이 이 책의 목적이다. 물론 지젝의 퍼포먼스가 보여주었던 역동성을 책이라는 딱딱한 매체가 온전히 잡아내기는 어려울 것이다. 그러나 그의 목소리나 제스처가 활자의 힘을 빌어서 다시 살아나는 경험을 할 수 있다면 충분하다. 철학자의 개념은 활자에 갇혀 있을 때보다도 거리로 나섰을 때 비로소 살아 움직인다. 이 책의 소용이 있다면, 자본주의를 근본적으로 사유하는 태도를 통해 무엇이 문제인지를 명확하게 파악하려는 노력에 보탬을 주는 것일 테다. 에티엔 발리바르의 말을 빌어서 지젝이 즐겨 하는 주장이 바로 이것이다. 지금까지 너무 많이 바꿔버린 세상을 한발 물러서서 생각하는 것이 필요하다.

지젝은 주마간산처럼 한국을 다녀간 한 사람의 명망가로 그치지 않을 것이다. 그는 2013년부터 경희대에서 석좌교수로 한국 학생들을 만날 예정이다. 적극적으로 자신의 사유를 한국 사회와 나누고 싶어 하는 희망사항이 결실을 맺은 것이다. 그의 활동이 자신의 철학을 전파하는 수준을 넘어서서 좀 더 밀착된 모습으로 우리에게 다가오기를 바라는 것은 어떤 특출한 지혜를 그로부터 배우기 위함이 아니다. 오히려 그를 통해 한국 사회의 사유를 확장하고, 자본주의의 위기를 넘어서 더 나은 사회에 대한 전망을 만들어내기 위한 바람 때문이다. 한국 사회에 함께하려는 그의 노력이 헛되지 않기를 이 작은 책을 세상에 내놓으면서 바래본다.

2012. 11. 11.

이택광.

Monday, June 25, 2012

하얏트 호텔

홍세화

흰 머리카락이 무성한 63세의 지젝과 그보다 두 살 위인 홍세화는 처음 만났지만 마치 오래된 '동무' 마냥 서로를 반겼다. 1980년대의 파리라는 같은 공간 속에서 한 사람은 정신분석학으로 박사학위를 받았고, 한 사람은 택시운전을 했다. 주류로부터 박사논문 출판과 학위를 거부당한 지젝은 좌절하여 고향인 슬로베니아로, 홍세화는 20여 년이 넘는 망명 생활 끝에 한국으로 돌아온다.

'배제된 자'들⋯⋯. 변방 출신의 이 두 사람을 만나게 하고 대화로 이끈 동인은, 바로 이것 아니었을까? 현실 정치에 몸담은 경험이 없는 채로 진보신당의 대표가 된 지 반 년. 명망 있는 정치인 한 명 없고 권력 정치의 자장으로부터 멀리 떨어진 주변적 위치에서, 홍세화가 생각할 수 있었던 것은 '배제된 자들'의 서사를 정치 공간에 떠오르게 하자는 것, 하나였다.

이에 비해, 경계를 넘나드는 방대한 저술로 이미 지식의 최전선을 주도하는 지젝은 현실 정치에도 적극적으로 개입해 왔다. 1990년에는 슬로베니아 대통령 후보로 나서기도 했고, 2011년 미국 월가 점령 시위 한복판에서는 자본의 세계에서 삭제당한 자들을 향해 "욕망하는 것을 진짜로 원하게 되는 것을 두려워하지 말라"고 연설하기도 했다.

마치 오래전에 예고되었던 만남처럼, 이들은 예정된 시간을 훌쩍 넘기면서까지 쾌활한 말투와 몸짓으로 유럽 경제 위기와 한국의 정치 상황에 대한 서로의 생각을 타전하였다. 문제의 해법을 제시하기보다 현실의 문제에 손쉬운 해결책을 주는 이데올로기의 함정을 지적하며, 지금의 파국적인 상황을 뒤흔들기 위해 어떻게 맞설 것인가를 끊임없이 질문하는 이 '위험한 철학자'와 실천적 지식인의 만남은, '혁명의 과정은⋯⋯몇 번이고 시작을 반복하는 운동'이라는 지젝의 표현처럼, 이제 시작되었다.

* 이 인터뷰는 정치인 홍세화에서 지식인 홍세화로 돌아오기 약 4개월 전에 이루어진 것이다.

민주주의와 자본주의는
이혼단계이다

홍세화 우선 지난 6월의 그리스 총선에 대한 이야기부터 시작해 볼까요? 당신은 선거 직전 발표한 글에서 "시리자SYRIZA에 의해 대표되는 새로운 '이단'만이 구원할 가치가 있는 유럽의 유산, 즉 민주주의와 인민에 대한 신뢰, 평등주의적 연대 등을 구원할 수 있다"라고 하면서, 그러나 만일 시리자가 선거에서 패할 경우 "우리가 마주하게 될 유럽은 '아시아적 가치를 지닌 유럽'이다"라고 주장한 바 있습니다.

한편으로 당신은 자본주의의 체제하의 민주주의에서 이른바 '자유투표'를 떠받치고 있는 역설에 대해서도 언급했습니다. 이를테면 사람들이 '올바른'(자본주의를 벗어나지 않는다는 의미에서) 선택을 한다는 조건에서만 선택의 자유가 있다는 것이지요. 그리스인들이 이러한 '올바른' 선택을 해야 한다고 메르켈 독일 총리는 협박했고, IMF 구제금융안을 수용한 적 있는 한국 역시 대부분의 언론이(좌파성향의 매체까지 포함하여) 그리스의 유로존 탈퇴가 경제 위기를 확산시킬 것이라는 이유로 시리자 승리에 부정적인 의견을 유포하기도 했습니다.

당신의 희망과 달리 유럽의 지배 엘리트들에게 다행히도 선거 결과는 '올바른' 선택을 입증하는 것이었습니다. 결국 긴축 정책을 지지하는 신민주주의당이 3퍼센트 차이로 시리자를 누르고 제1당이 되어 연립정부를 구성하게 되었지요. 하지만 출발부터 이 정부가 오래갈 것이냐는 회의적인 전망이 제기되었습니다. 이는 유로존의 문제를 근간으로 하는 유럽 전체의 구조적인 문제, 나아가 세계 자본주의의 근본적 위기와 연동되어 있는 문제이기 때문일 텐데요. 그리스가 당면하고 있는 현실과 2008년 금융 위기 이후부터 현재까지 이어지는 전 지구적 자본주의의 위기를 어떻게 바라보고 있는지요?

지젝 먼저, 그리스 문제가 글로벌 위기의 면모를 지녔다는 당신의 지적에 동의합니다. 대부분 유럽 사람들은 자신들의 국가는 괜찮고, 현재의 문제는 그리스와 스페인 등 유럽 남부의 국민들이 게으르고 낭비가 심해서 발생했다고 생각합니다. 우선 이점을 지적하지 않을 수가 없습니다.

그리스 정부가 부패하고 무능한 것은 사실이죠. 하지만 여기에서 우리는 첫 번째 역설에 직면합니다. 지금 서구에서 그리스의 기존 두 정당을 돕거나 지지하는 것이 무슨 의미인가 하는 의문이 발생하는 것이죠. 이 두 정당은 그리스에 만연한 부패와 비효율의 주범입니다. 그런데 게으름과 부패의 원인인 그 사람들을 유럽이 다시 지지하고 있는 것입니다. 그리스의 부채는 대부분 독일과 프랑스에서 빌린 것입니다. 그들이 그리스의 경제 발전을 위한답시고 돈을 빌려줬지요. 지금은 유럽연합이 그리스에 돈을 빌려주고 있습니다. 그러나 이들은 그리스를 구한다기보다, 그리스에 있는 독일과 프랑스의 은행들을 구하려는 것뿐입니다.

두 번째 문제는 이렇습니다. 시리자는 새롭게 등장한 급진좌파

연합 정당입니다. 저는 이들을 존경합니다. 이들은 단순히 몽상에 빠진 사람들이 아닙니다. 시리자가 약진한 것은 자본주의적인 의미에서 보더라도 상당히 고무적인 것입니다. 만약 시리자가 승리했다면 그리스의 기회이자 동시에 유럽의 기회였을 것입니다. 심지어 자본주의의 입장에서 보더라도 말입니다. 시리자는 극단적인 정치 실험을 하겠다는 당이 아닙니다. 혼란스러운 그리스 정국에 질서를 도입했다는 점에서 그렇습니다. 시리자는 매우 정직했습니다. 미친 좌파 정당의 이미지가 아니라, "우리는 유로를 위해 존재한다"고 말했지요. 그리스가 유로존에 잔류하겠다고 말한 것입니다. 유로존 밖에서는 생존할 수 없다는 의미입니다.

그리스에서 열린 포럼에 참석했을 때, 그들이 제게 말한 자신들의 첫 번째 임무는 그리스의 국가장치를 구조조정하겠다는 것이었습니다. 그리스는 인구 1,000만의 작은 국가로, 그중 약 2백만 명 정도가 국가에 고용되어 있는데 이들이 직접적으로 비리 사업에 연루되어 있는 것으로 알려져 있습니다. 이들 대부분은 가난한 사람이 아니라 부자인 축에 드는데, 통제할 수단이 없기 때문에 세금을 거의 내지 않는다고 합니다. 이런 상황에서 시리자의 존재는 매우 중요합니다. 이 당은 세간에 알려진 것과 달리 과격한 좌파 정당이 아닙니다. 국가 없는 직접민주주의를 주장하지도 않습니다. 이들은 과거의 잔재에서 깨어나는 데 있어 소박한 실용주의적 감각을 지니고 있습니다. 이들이야말로 진정 유럽 속에서 꿈꾸는 사람들입니다.

유럽공동체는 그리스에 대한 다양한 정책들을 내놓고 있지만, 그 누구도 이것들이 효력을 발휘할 것이라고 생각하지 않습니다.

그리스 내의 상황은 점점 나빠질 것입니다. 분명한 것은, 몽상에 빠져 있는 것은 유럽이라는 사실입니다. 시리자가 집권하지 못하는 것은 극단적인 정치 선동 때문입니다. 가난한 사람들을 동원하려는 시도죠. 말하자면 공포를 이용하는 것입니다. 시리자가 승리하면 스탈린주의적인 테러가 있을 거라고 선동하는 것을 보면 알 수 있습니다. 사람들을 겁주는 것이야말로 가장 수준 낮은 선동입니다. 시리자는 언론에 제대로 등장하지도 못했어요. 텔레비전에는 아예 출연하지도 못했고, 잘 알려지지 않은 라디오 채널에 나온 것이 전부였습니다. 주류 신문에서 전혀 다뤄지지 않은 것은 물론이고요. 시리자가 승리했다면, 아마 희망의 새로운 출발의 가능성이 열렸을 것이라고 저는 생각합니다. 이는 유럽에 새로운 희망의 시작이 될 수 있었을 것입니다.

마술사의 접시돌리기

〈CNN〉의 경제전문 기자인 리처드 퀘스트Richard Quest는 지금 유럽 경제가 처한 현실을 '마술사의 접시돌리기'라고 했는데, 훌륭한 비유라고 생각합니다. 여러 개의 접시를 동시에 아슬아슬하게 돌리고 있는 위태로운 모습이라는 것입니다. 접시 하나가 떨어지면 또 하나를 돌리는 식이죠. 그러나 언젠가는 이 접시가 모두 떨어질 것이라는 사실을 사람들은 알고 있습니다. 유럽은 지금 집단적으로 꿈을 꾸고 있습니다. 문제의 본질을 외면한 채 허황된 꿈을 꾸고 있는 것이죠. 유럽은 지금 한국이나 미국보다 더 심각한 위기에 직면하고 있습니다. 그리스뿐만 아니라 유럽 전체가 지금 잠에서 깨어나야 할 때입니다.

이런 의미에서 시리자의 승리는 그리스를 위한 기회일 뿐만 아니라 유럽 전체의 기회이기도 했다는 것입니다. 유럽은 지금 앵글로색슨 경제를 위해 봉사하는 현모양처 노릇을 하는 것처럼 보입니다. 유럽의 위기는 전 지구적 위기의 일부입니다. 저는 경제학자는 아니지만, 경제 문제가 상당히 중요하다고 봅니다. 애널리스트 야니쉬 바로파키쉬Yanis Varoufakis는 지금 직면하고 있는 경제 위기가 닉슨 대통령 재직 때였던 1970년대 초반에 이미 예견되었다고 주장합니다. 미국은 1960년대 후반까지 기계를 수출하는 나라였는데 그때부터 무역적자를 기록하기 시작했다는 겁니다. 이런 상황에서 닉슨 행정부는 기발한 아이디어를 고안해냈는데, 무역적자를 없애려고 고군분투할 것이 아니라 큰 액수의 무역적자를 그대로 놔두자는 것이었습니다. 대신 엄청난 양의 물품을 수입하는 데 쓴 돈을 다시 미국으로 가져오는 데 골몰했던 것입니다. 이것이 지난 30~40년 동안의 전 지구적 시스템이었습니다. 모든 나라들은 미국의 대외 무역적자에 기반한 경제 구조를 가졌습니다. 미국은 자국이 수출할 수 있는 것보다 훨씬 많은 것들을 외국으로부터 수입합니다. 최근 어느 미국 경제학자는 미국이 수입 물품을 사고서 지불하지 않는 돈이 매일 10억 달러에 이른다고 발표했습니다. 이것을 유지하기 위한 공식으로는, 달러가 기축통화로 군림해야 하고 월스트리트 등등의 역할에 의지하는 것이 있습니다. 미국이 이 돈을 지불하지 못하면 어떻게 될까요? 미국은 다른 나라들에게 자국이 가장 안전한 투자처라고 선전해서, 수입을 위해 사용한 돈의 대부분이 투자 형태로 다시 미국으로 흘러들어오게끔 합니다. 예를 들어, 사우디아라비아와 중국 두 나라의 투자액이 전체 투자액의 10퍼센트를 차지하는 식입니다. 이것은 정말 이상한 시스템입니다. 미국은 끔찍한 중세시대의 신 같은 존재이고, 우리들은 이 신을 위해 돈을 지불하면서 희생해야 합니다. 우리들이 매일 미국에 10억 달러를 주고 있는 셈이니 말이죠. 우리들이란 다름 아닌 유럽의 독일과 중국, 일본, 한국 등의 생산국들과 광물 등의 자연자원을 수출하는 후진국들입니다. 2008년의 위기는 이 시스템에서 비롯되었습니다. 이 시스템의 균형balance은 미국이 빚을 갚지 못하는 깊은 불균형deep imbalance에 기초해 있었습니다. 그 빚을 갚기 위해 미국은 다시 외국으로부터의 투자를 필요로 하고, 이러한 투자 용도로 다시 돈이 미국으로 흘러들어오고……. 여기에 미국은 테러와의 전쟁을 치르기 위해 ─ 전인류의 경찰universal policemen 역할을 수행하기 위해 ─ 더 많은 돈이 필요했던 것입니다. 오로지 이 방식에 의해서만 이 시스템은 유지될 수 있습니다.

그러나 지금 중국이나 한국의 발전에서 보듯이, 우리는 오늘날 다변적multilateral이고 다원적multi-central인 세계로 진입하고 있습니다. 미국은 더 이상 이런 역할을 계속 수행하기가 어려워졌습니다. 저는 미국에 반대하는 사람이 아닙니다. 1970년부터 현재까지 약 40년 동안 미국은 인위적으로 세계 교역의 균형이 유지되는 것처럼 보이게 했을 뿐이라는 사실을 지적하는 것입니다. 여기서 우리는 그리스의 역할을 떠올리게 되는 것이지요. 이러한 위기 때문에 서유럽 선진 국가들의 자본주의조차도 더 이상 발전할 수 없는 상황에 처해 있고, 선진국에서는 복지제도의 유지는 물론 상대적인 번영마저 더 이상 쉽지 않게 되었습니다. 이러한 상황에서 그리스는 매우 위험한 모델입니다. 자본주의 체제는 그러한 위기에서 어떻게 벗어날 것인가에 대해 더 이상 생각하지 않는다고 저는 생각합니다. 그들은 더 이상 지역 주민들을 만족시키지 못하고 있습니다. 사람들은 일자리를 잃고 공장은 문을 닫고 있습니다. 그리스는 일종의 실험장이었던 것이지요. 부자와 가난한 사람 간의 간극이 극도로 벌어지면 사람들이 어떻게 하는지를 보는……. 하지만 우리는 여기서 또다시 사람들을 비난해서는 안 됩니다. 일부 좌파들처럼 은행가들이 얼마나 탐욕스럽고 부패했는지 불평할 필요도 없습니다. 그들은 항상 탐욕스럽고 부패했기 때문이죠. 문제는 왜 금융자본이 오늘날의 이 위기를 초래하게 되었는가 하는 겁니다.

우리는 우선, 지금까지는 상대적으로 성공적이었던 자본주의가 민주주의의 작동을 촉진했다는 것을 인정할 필요가 있습니다. 한국이 박정희 군사 독재에서 벗어날 수 있었던 것이 이 같은 예죠. 그러나 좋았던 시절도 끝나가고 있습니다. 민주주의와 자본주의의 내적 결혼internal marriage은 이제 이혼 단계에 접어들고 있습니다. 중국이나 싱가포르를 민주적이라고 부르기는 어렵습니다. 새로운 형태의 자본주의는 극도로 역동적이고 생산적이며 동시에 파괴적이지만, 더 이상 민주주의를 필요로 하지 않습니다. 이것은 매우 중요합니다. 저는 이것이 아시아라는 특수성과 관련이 없는 위험한 경향이라고 생각하는데, 우리 같은 유럽인들은 "이 멍청한 아시아적인 권위주의에 빠진 이들"이라고

말하지만 똑같은 경향이 전 세계 사방에서 일어나고 있습니다. 러시아와 이탈리아, 그리스에서조차도……. 유럽 국가들은 전문가 집단으로 구성된 정부, 즉 기술관료technocrat들을 가지고 있지만 근본적으로 민주적으로 법제화되지 않았습니다. 이것이 두 번째로 위험한 경향입니다. 저는 자본주의가 새로운 국면에 접어들었다고 봅니다. 비록 우리가 형식적으로는 민주주의에 있다 하더라도 근본적으로 경제 등등은 기술관료들이 모든 결정을 내리고 있는데, 이 상황은 위험천만하죠.

영구적 실업 속으로

다음 특징을 봅시다. 물론 한국은 운이 좋아 경제적 호황을 아직 누리고 있는 편이지만, 저는 서유럽과 미국 등을 포함하여 전 지구적으로 실업의 양상이 마르크스가 '노동예비군'reserve army of labour이라고 지칭한 그룹(자본주의가 고도화되면 노동력에 대한 수요는 상대적으로 줄어들며, 잉여 노동인구는 이른바 노동예비군으로 전락해 생산과정에서 추방당한다고 마르크스는 설명한다_편집자)의 형성과 깊은 연관성이 있을 뿐만 아니라 점점 더 급진적인 양상을 띠고 있다고 봅니다.

첫째, 산업의 광대한 현대화와 디지털화는 전형적으로 비고용의 상태에 있는 사람들을 영구적으로 비고용의 상태에 있게 만들었습니다. 전형적인 예로, 우리나라(슬로베니아)의 봉제공장 노동자를 살펴볼까요? 30년 동안 이 공장에서 일하던 사람들이 갑자기 직장을 잃게 되는 상황이 벌어졌습니다. 인건비가 더 싼 중국 등으로 공장을 이전하기로 결정한 때문이지요. 공장 노동자들은 이제 무엇을 해야 할까요? 쉰 살이나 된 사람들에게 재교육을 받으라고 말할까요? 그들은 영구 비고용의 상태로 전락했습니다. 이젠 일자리 기회조차 주어지지 않게 된 거죠.

젊은 세대들을 볼까요? 유럽에서 이것은 끔찍한 문제입니다. 그리스와 스페인에서 그토록 시위가 많은 이유입니다. 고등교육을 받은 모든 젊은 세대, 그들 중 90퍼센트는 취업의 기회조차 얻지 못하고 있습니다. 또 한쪽에서는 아직 공부를 하고 있으나 실직의 상황에 이미 처해 있다고 할 수 있는 사람들이 있습니다. 그들은 철학이나 사회과학, 인문학 같은 학문을 공부하면 취업의 기회가 주어지지 않는다는 것을 알고 있습니다. 다른 한 편, 공식적으로는 비고용 상태이나 불법적으로는 고용 상태에 있는 사람들—남미 슬럼가의 많은 사람들—이 점점 늘고 있습니다.

또 다른 면으로, 하나의 국가 전체를 세계공동체world community에서 배제하는 일도 있습니다. 미국이 콩고를 불량국가rogue country로 지목하여 무역을 규제하는 것이 그 예입니다. 콩고는 오늘날 자본주의 체제 내의 이방국가입니다. 아프리카의 대국 중 하나이며 광업자원이 어마어마하게 풍부한 나라지만, 하나의 국가로서 전혀 존재하지 못합니다. 현지를 분할통치하는 부패한 군부 세력들은 외국 회사들과 직접 거래를 합니다. 이런 국가들은 내란으로 엄청난 혼란 속에 있으며, 세계 자본주의 시스템에 단지 허술하게만 묶여져 있을 뿐입니다. 하나의 국가 전체가 실직 상태에 있다고 볼 수 있는 것이죠.

이상의 것들은 하나의 크나큰 문제의 진원지인 셈입니다. 단지 가난한 사람들의 문제만이 아니라 교육받은 사람들의 문제이기도 합니다. 그리고 가난한 사람들만으로는 혁명을 도모할 수 없는 만큼, 우리는 혁명을 위해 교육받은 학생들이 필요합니다. 이제 우리는 그들을 점점 더 많이 가지고 있습니다. 교육받은 학생들은 동시에 엄청난 불만을 품고 있죠. 이집트의 경우가 그렇습니다. 무바라크 전 대통령의 퇴진을 촉발했던 타흐리르 광장을 점령한 사람들은 가난한 사람들이 아니라 교육을 받은 불만이 가득한 젊은 실직자들이었습니다. 이것이 유럽공동체에서도 흥미롭게 벌어지고 있는 현상으로서, 자본주의의 세 번째 특징입니다.

도저히 봐줄 수 없는 멍청이들

오늘날 자본주의에서 일어나고 있는 또 다른 변화의 경향은, 직접적인 사적인 소유가 다음과 같은 의미에서 더 이상 지배적인 소유의 형태가 아니라는 점입니다. 부유한 자본가들은 더 이상 명확한 의미에서의 소유자가 아닙니다. 사업체를 가지고 있으면서도 관리자 또는 관리자 그룹을 둘 수 있습니다. 그들은 은행으로부터 돈을 빌리고, 은행은 은행가로부터 돈을 빌리는 식이죠. 자본가들이 필수적으로 부유할 필요가 없어진 것입니다. 사정은 샐러리 부르주아라고 크게 다르지 않습니다. 그들은 부르주아지만 여전히 급여 생활자들입니다. 그들은 어떻게 부자가 되나요? 종국에는 보너스나 성과급 등을 받습니다. 이것은 새로운 상황, 특히 중국에서 새로운 양상을 만들고 있습니다. 이제 중국의 전형적인 지배층은 직접적인 사적 소유주가 아닙니다.

노동문제에서도 이것은 매우 복잡합니다. 예를 들어, 우리 슬로베니아에서 벌어지고 있는 참으로 안타까운 현상을 봅시다. 그들에게는 단체행동이 절실히 필요하지만 감히 파업을 하지 못합니다. 일자리를 잃어서는 안 되는 절박한 상황에 처해 있는 사람들이기 때문입니다. 용감하게 파업을 단행하는 유일한 그룹은 변호사나 의사처럼 특권을 가진 샐러리 부르주아들입니다. 그들은 파업을 할 수 있는 여유가 있습니다. 하지만 다른 노동자들을 돕기 위해 파업을 하지는 않습니다. 자신들의 특권을 위해 파업을 하죠. 글자 그대로 부르주아인 그들은 자신들을 위해 파업을 하지만 프롤레타리아이기엔 너무나 많은 돈을 가지고 있습니다.

우리는 매우 복잡한 상황이 전개되는 자본주의의 새로운 단계로 접어들었습니다. 이러한 전 지구적 자본주의 상황에서 복지국가와 민주주의로 진입하는 국가들의 수는 점점 더 줄어들고 있습니다. 서방 국가의 경우 어쨌든 오래전부터 통치(지배)를 할 줄 아는 지배 계급이 있었다는 것은 좋은 일이었습니다. 유감인 것은 이제는 미국과 서유럽의 지배 계급−전문가들과 정치인들−이 더 이상 지배를 못한다는 사실입니다. 유럽이 위기에 어떻게 대응했는지를 보면 가히 충격적입니다. 미국만 하더라도 닉슨과 같은 공화주의자가 무엇에 우선권을 두었는지 보십시오. 도저히 봐줄 수 없는 멍청이들이 과연 무엇을 할 수 있겠습니까? 지배 계급의 위기는 무슨 일이 일어나는지, 무엇을 해야 하는지 이제는 자신들이 모른다는 사실입니다. 이것이 오늘날 발생하고 있는 위기를 더욱 위태롭게 만들고 있다고 저는 생각합니다. 이런 사례들이 한국의 여러분에게 전체상과 대략적인 아이디어를 주는 데 도움이 되기를 바랍니다. 단지 그리스에서 벌어지는 상황에만 초점을 두는 것은 우스꽝스러운 일입니다.

자본주의와 공산주의라는
쌍둥이 형제 이야기

홍세화 당신이 말한 것처럼 '좋았던 시절'은 한국에서도 이미 끝이 났고, 우리 역시 매우 복잡한 상황에 직면해 있습니다. 한국에서 권위주의적인 군사 독재가 마감된 것은 1987년 6월항쟁 이후였는데, 그로부터 10년이 지나 정권교체를 통해 '개혁적' 자유주의 정권이 들어서고 난 뒤에서야 이른바 '민주정부하의 10년'을 경험했습니다. 그런데 이 10년 동안 신자유주의 질서로의 재편이 가속화된 것입니다. 이것을 저는 '민주화의 역설'이라 부르는데 IMF 구제금융기와 함께 시작된 이 10년이라는 시간이 한국에서 신자유주의 질서로 빠르게 재편된 시기와 일치합니다.

예컨대 노동에 대한 강도 높은 구조조정이 이 기간 동안 집중적으로 이루어졌으며, 이것은 노−사−정(노동−자본−국가) 합의라는 거버넌스의 틀 속에서 진행되었습니다. 경제적 위기가 자본의 강화로 귀결되는, 즉 민주주의가 배신당하거나 내부로부터 붕괴되는 이 과정을 어떻게 이해할 것인가의 문제입니다. 이것은 당신이 2009년에 펴낸 《처음에는 비극으로 다음에는 희극으로》에서 장 끌로드 밀네Jean−Claude Milner를 인용하면서 한 이야기, 즉 '68정신이 새로운 자본주의 체제의 든든한 동맹자가 되는 것과 유사한 현실'이고, 대기업 노동현장에서 노동의 약한 부분들(비정규직을 포함한)이 잘려나가는(다시 말해 노동이 노동을 배신하는) 과정을 포함하고 있습니다. 이는 유럽인들의 조롱 섞인 시선인 '아시아적 권위주의'의 결과가 아니라면 전 지구적 자본주의의 새로운 경향에 따른 하나의 필연으로 보아야 하는가요?

지젝 우선 이 부분에서 저는 좌파의 위기가 매우 깊다고 봅니다. 물론 1968년은 영광스러운 해였습니다. 저는 이 시기가 아마도 이데올로기적으로나 정치적으로나 자본주의 역사상 가장 위대한 '황홀한 시기'trance 중 하나가 아니었을까 생각합니다. 왜냐하면 좌파의 중요한 모티브, 예를 들어 성해방이라든가 대학생들의 학내 권익과 공장 노동자들의 분노 등이 숙련된 방식으로 오늘날의 자본주의에 의해 다시 인정되었기 때문입니다. 심지어 당시의 어떤 윤리적인 태도마저 지금의 자본주의가 차용하고 있습니다. 오늘날 자본주의는 우리가 더 이상 단순한 소비자가 되는 것을 원치 않습니다. 인도주의자가 되어 소말리아의 굶주린 아이들을 도와주라는 식으로 호소합니다. 소비를 잘하면 인도주의적인 인간이 될 수 있다는 것이죠. 이런 원리는 믿기지 않을 정도로 성공적으로 잘 작동되고 있습니다.

우리가 젊었을 때에는 마르크시즘의 언어를 통해 자본주의의 소외나 착취에 저항하는 것이 당연했습니다. 성에서 해방되거나 이데올로기로부터 해방되려고 했지요. 오늘날의 성해방은 완전히 이데올로기에 통합되어 있습니다. 사회적인 규범이란 것은 더 이상 존재하지 않습니다. 오늘날 일부일처제는 교부신학적인 것으로 간주됩니다. 왜 그런가 하면, '창조적인 사람이 되고 싶으면 파트너를 바꾸고 실험적이어야 한다, 가령 그룹 섹스를 하고 동성연애를 하고 성적으로 개방적인 자세를 취해야 한다' 등등이 오늘날의 이데올로기이기 때문입니다.

　이보다 더 중요하면서 또 매우 신중해야 하는 것은 신자유주의입니다. 신자유주의란 것은 어느 정도까지는 이데올로기입니다. 이 말은 무슨 말인가? 오늘날의 미국을 보면 신자유주의를 신봉하는 대통령-레이건과 부시-이 있었습니다. 그러나 이들이 실제로 무슨 일을 했는지 보십시오. 이들은 정확히 자신들의 이데올로기와는 정반대의 일을 했습니다. 레이건은 가장 원시적인 케인지언Keynesian 방식으로 수출 지향의 방어적 무역을 내세웠습니다. 미국은 더욱더 강력한 나라가 되었죠. 알다시피 신자유주의는 실천 가능한 이데올로기가 아닙니다. 실제로 가장 중요하다고 할 경제 영역에서 신자유주의는 국가에 반대하면서 국가를 강화했습니다. 교육이나 기타 공공 영역은 민영화하면서 경제 영역은 국가 주도로 바꾸었습니다. 일본과 중국 또한 마찬가지로 모든 경제 영역이 국가에 의해 신중하게 기획되었습니다. 미국은 강대국이 되면 될수록 신자유주의로 인해 국가의 영향력이 감소되고 기업화되었다고 말하지만, 현실은 전혀 반대였습니다. 오늘날 자본주의의 가장 성공적인 공식은 국가에 의해 매우 치밀하게 계획된다는 것입니다. 일본도 마찬가지이고 싱가포르 또한 마찬가지입니다. 저는 싱가포르 국가만큼 치밀한 계획에 의해 집행되는 나라는 없다고 생각합니다.

좌파의 곤경과 후쿠야마의 부정

두 번째 문제는 이보다 더 비극적입니다. 우리 좌파들은 우리 자신에 대해 좀 더 자기 비판적인 태도를 취해야 합니다. 좌파는 자본주의를 비판해왔지만, 위기가 닥치자 아무것도 할 수 없었습니다. 어떤 좌파도 해결책을 제시할 수가 없었지요. 최근 대안으로 떠오른 최저소득제(기본소득제) 도입 문제도 자본주의를 지속시킨다는 관점에서 이루어진다면 근본적인 대안일 수 없습니다.

  좌파의 위기는 여기에 있습니다. 좌파가 주도해온 모든 비판적 운동이 소용이 없다는 것입니다. 사람들은 여전히 자본주의를 신뢰하고 있습니다. 위기는 여기에 있는데, 좌파는 해결책이 없습니다. 저는 뉴욕의 '월가 점령 운동'이나 스페인의 '분노하라' 현장에 있었는데, 그들이 요구한 것은 추상적이고 도덕적인 것들이었습니다. 경제를 정상화하라는 외침이 무엇을 의미하는 건가요? 구체적인 대답을 얻을 수 없는 문제들입니다. 국가가 더 많은 규제를 해야 한다는 케인스주의가 어떤 해법을 제시할 수 있습니까? 모호할 뿐입니다.

　이런 이유로 저는 비판적일 수밖에 없습니다. T. J. 클락T. J. Clark이 말한 것처럼 '좌파는 (진시황릉의) 병마용총에서 부활해 혁명군이 되기를 희망'합니다. 그러나 어떻게 해야 그렇게 될까요? 누구도 엄밀한 대답을 할 수가 없습니다. 장기적인 전망이 무엇인가 묻는다면 대답하기 어렵습니다. 자본주의를 종식시키는 것인가? 규제를 강화하는 것인가? 서로 다른 논의의 장들을 하나로 합치는 것인가? 의회민주주의 국가를 고수하는 것인가? 이런 문제들에 대해 구체적인 제안을 할 수가 없습니다. 새로운 사회를 만드는 것은 단순하게 경제의 문제만은 아닌 것입니다. 확실한 것은 지금 존재하는 자본주의 사회는 어떤 한계에 봉착하고 있다는 사실입니다.

　사람들이 좌파를 유토피아주의자라고 비웃을 때, '아니다. 진짜 유토피아는 정의할 수 없는 것이다'라고 저는 대답할 것입니다. 그러나 경제는 이런 차원이 아닙니다. 문제는 지적 재산입니다. 지적 재산은 공산주의적인 것입니다. 이용하지만 소모되지 않습니다. 저는 자본주의의 사적 재산이 장차 이렇게 변할 수도 있겠다고 예측합니다. 그러나 거기에는 또 환경의 문제가 있습니다. 자본주의가 작동하는 한 계속 무엇인가 생산해야 하고 소모해야 한다는 한계가 있는 것이죠. 후쿠시마 원전사고 같은 문제도 있습니다. 생명공학이라는 놀라운 일이 일어나고 있지만, 누구도 무슨 일이 일어나고 있는지 모르고 있습니다. 재난상황은 또 언제든 벌어질 수 있습니다. 더 이상 유토피아는 없습니다. 이데올로기 대결의 역사는 자유주의의 승리로 끝났다고 주장한 바 있는 프랜시스 후쿠야마Francis Fukuyama를 만났을 때 우리는 이 문제에 관해 이야기를 나눴습니다. 그도 끊임없이 변화하는 여러 상황에 대해 인지하고 있더군요. 후쿠야마는 자신이 더 이상 후쿠야마주의자가 아니라고 했습니다. 자유민주주의로 종결되는 해피엔딩 이야기는 역사일 수 없습니다.

부디 흥미로운 시대에 살기를

　오늘날 좌파는 질문을 하지 않습니다. 중요한 것은 답을 주는 것이 아니라 정확한 질문을 제기하는 것입니다. 좌파가 된다는 것은, 매우 단순합니다. 비판적인 존재가 되는 것입니다. 알랭 바디우Alain Badiou가 말하듯이, 20세기는 끝났습니다. 모든 것은 노스탤지어입니다. 자본주의와 공산주의라는 쌍둥이 형제 이야기는 이제 끝났습니다. 과거에 속하는 어떤 것도 현재를 설명할 수 없습니다. 그럼에도 내가 여전히 좌파로 남아 있는 까닭은 현실을 제대로 볼 수 있기 때문입니다. 구조적인 실패는 약한 고리를 만들어냅니다. 지금 우리는 경제 위기를 목격하고 있지만, 장기적으로 본다면 환경적 재난과 대면할 수밖에 없습니다. 우리는 좀 더 근본적인 문제에 대해 좌파적 입장을 취해야 합니다. 동시에 우리는 보수적인 해결책에 대해 명백한 반대의 입장을 취해야 합니다. 시스템이 막다른 골목에 도달할 것이라는 사실을 받아들여야 합니다. 이 파국을 인정하면서, 과거의 사안에서 해결책을 가져와 문제를 해결하려는 방식을 피해야 합니다. 예를 들어, 자본주의의 문제에 공동체주의를 다시 도입해서 대처하는 것은 올바르지 않습니다. 코뮌정신 같은 것에 희망을 거는 것 말입니다. 과거에 대한 어떤 노스탤지어도 거부해야 합니다.

오늘날 좌파는 어려운 문제에 대해 단순한 해결책을 제시하지 말아야 합니다. 좌파는 훨씬 비판적인 태도를 견지해야 합니다. 사물이 예상대로 작동하지 않는다는 사실에 대해 자각해야 합니다. 인내하고 기다리면 문제가 해결될 것이라는 식으로 막연하게 생각하면 안 됩니다. 반동이 아니라 보수의 주장에도 귀를 기울여야 합니다. 반동은 멍청할 뿐입니다. 이들은 역사를 뒤로 되돌릴 수 있다고 생각합니다. 그러나 그것은 불가능한 일입니다. 보수는 그렇지 않습니다. 보수는 해결책을 내놓지는 못해도 난국을 정확하게 인지합니다. 진정한 보수는 '이것이 문제다'라고 정직하게 인정합니다. 마르크스는 이미 이 점을 알고 있었습니다. 마르크스는 보수주의자인 발자크의 소설을 통해 자본주의의 이면을 속속들이 들여다보았습니다. 제가 보기엔, 이것이 오늘날 좌파의 곤경입니다. 우리는 20세기의 모든 꿈들을 던져버려야 하지만 해결책으로써 우리가 지켜야 할 것은 지킨 다음에 버려야 합니다. 오늘날의 정치 기구 시스템에서는 점점 가까이 다가오고 있는 전 지구적 경제 위기를 다룰 수 없다는 것은 명백하지 않습니까?

이것은 정말 우려되는 바이기도 한데, 한국과 브라질처럼 상대적으로 운이 좋은 나라―이것은 저의 관점일 뿐이지만―에서는 드러나지 않지만, 유럽 이곳저곳에선 무척 안 좋은 징후들이 나타나고 있습니다. 이전 사회주의 체제였던 동유럽은 물론이고

유럽에서 가장 발전했다고 하는 스칸디나비아 국가들에서조차도 개별적인 차이는 있지만 반反이민주의와 포퓰리즘적 징후가 만연해 있습니다. 이는 매우 폭력적인 현상으로, 모든 이데올로기가 변화에 직면하고 있다는 사실의 한 예라 말할 수 있습니다.

이를테면 우리는 매우 위험한 시기에 놓여 있는 것입니다. 어떤 결과가 오리라는 것을 누가 알 수 있겠습니까? 그러나 위험하지만 희망은 있습니다. 위험이 있는 곳에는 늘 희망이 있기 마련입니다. 중국에서는 싫어하는 사람에게 '부디 흥미로운 시대에 살기를'이라고 말한다는데, 이 '흥미로운 시대'는 전쟁이나 범죄가 도처에 발생하는 때를 말합니다. 아무튼, 우리는 '흥미로운' 시대에 살고 있습니다.

저는 여기서 솔직하고자 합니다. 저는 막연한 혁명을 꿈꾸는 좌파가 아닙니다. 그러면 어떤 종류의 혁명을 누가 할 것인가? 옛날과 같은 노동계급만이 더 이상 변화의 주체가 아닌 것은 분명합니다. 이전에는 변화의 주체에 포함되지 않은 우리 같은 사람들—고용의 형태를 막론하고—도 혁명의 주체로 나서야 합니다.

모든 것은
노스탤지어다

홍세화 옛날과 같은 노동계급이 더 이상 변화의 주체가 아니라는 말은, 이미 노동계급이 하나가 아니라는 의미와도 같다고 생각합니다. 이와 관련하여 당신은 《The Idea of Communism》에 실은 글 'How to begin from the beginning'(2009. 6. 23)에서 이렇게 말했습니다. "현대의 프롤레타리아는 세 집단으로 분열돼 있다. 하나는 육체 노동자에 대한 부정적 선입견을 지닌 지식 노동자들이고, 또 하나는 지식 노동자들과 배제된 자들에 대한 포퓰리스트적 증오를 보이는 노동자들이며, 마지막은 이러한 사회 전체에 적대적인 배제된 자들이다. '프롤레타리아여, 단결하라'는 외침은 이제 유례없이 어려운 과제가 되어 있다. 이러한 현대 자본주의의 조건 아래서는 노동계급의 이 세 부분이 단결하기만 하면 이것으로 곧 승리다." 말하자면 이들 세 그룹의 노동자들이 서로 단결하긴 어려울 것이라는 예측인데, 과연 그것은 불가능한 것이 되어버렸을까요? 그리고 이런 조건에서 좌파의 전망을 재구성한다면 어떤 것이 될 수 있을까요?

대답을 듣기 전에 한국의 상황을 참고로 말씀드리면 이렇습니다. 한국에서 경제 테크노크라트나 기업 집단의 새로운 이데올로기는 피터 드러커 류에게서 가져온 '지식기반경제' 따위입니다. 이 이데올로기는 지식－육체노동을 날카롭게 나누는 한편으로 노동계급 내부를 수직적 위계구조로 만들어버렸습니다. 2004년 총선에서 한국의 좌파 정당은 10석을 얻었는데 이 정당의 한계는 이러한 수직적 위계구조에서 상층을 차지하는 대기업 중심의 조직노동조합에 의존하는 데서 오는 것이었습니다. 정리해고에 강력하게 저항하지 않았거나 비정규직 노동자 등 배제된 자들의 문제를 외면해왔던 정규직 노동조직에 기대온 좌파 정당은 그럴수록 의회주의에 매달려왔지요. 그 후 10년이 지난 뒤 우리는 당신의 글 제목처럼 '처음부터 다시 시작할'to begin from the beginning, 혹은 '출발점으로 다시 돌아가야 할' 필요성에 대해 이야기하기 시작했습니다.

물론 당신의 말처럼 희망적인 사건도 없지 않았습니다. 한진중공업에서 해고 노동자의 복직을 요구하며 김진숙이라는 여성 노동자가 부산 영도조선소 크레인 위에 올라가 309일 동안 투쟁했으며, 이 투쟁에 연대하기 위해 전국에서 자발적 대중이 그곳으로 달려가 자본에 항의하여 마침내 항복을(일시적인 것으로 드러났지만) 받아낸 것입니다. 그것은 말하자면 사람들에게 '불가능한 것의 가능성'을 느끼게 해준 사건이었지요.

당신은 "새로운 해방정치는 하나의 특수한 행위자로부터가 아니라 다양한 행위자들의 폭발적 결합으로부터 자라나게 될 것"이라고 말한 것과 함께, 지난해(2011년) 월가 점령 시위 현장을 찾아가 한 연설에서는 "카니발은 싸게 먹힌다"면서 "구질서를 대체하는 신질서를 위한 확실한 계획 없이 주인에 대한 히스테리성 도발의 수분에 머물러 있는 한, 그 시위는 새로운 주인을 요구하는 차원에서 기능할 것"이라고 말한 바 있습니다. 그렇다면 이제 새로운 해방의 정치를 위한 '좌파의 재발명'과 관련하여 당신의 코멘트를 듣고 싶습니다.

지젝 매우 어려운 질문이군요. 대답하는 순간 공식을 제시해야 한다는 문제가 있습니다. 저는 모든 문제를 해결할 수 있는 마법의 공식은 없다고 생각합니다. 어떤 선전적인 주장을 제안하자마자 사람들이 이를 알아보고 즉각 채택할 수는 없는 노릇입니다. 우리는 여기서 매우 실용적인 자세를 취해야 합니다. 예를 들어, 가장 중요한 첫 번째 의제가 무엇인지 함께 찾아내어 공유하는 것, 즉 우리 모두에게 흥미 있는 토픽을 찾는 것이 그러한 경우입니다. 가령, 생태주의 같은 것이 좋은 토픽이 될 수 있습니다. 왜냐하면 생태주의적 이슈는 우리 모두에게 공히 적용되는 것이기 때문이죠. 또는 안전의 위협도 중요하게 공유할 수 있는 이슈입니다. 그런데 이런 문제들에 대해 같이 연대하자고 도덕적 호소를 한다? 결코 제대로 작동하지 않을 것입니다. 특정한 집단이 다른 집단을 위해 오랫동안 헌신한다는 것은 불가능하기 때문이죠. 미국을 예로 들어봅시다. 똑똑한 부자들은 의료보험을 위해 증세가 필수적이라는 사실을 압니다. 그래서 이들은 자신들의 부를 더 열심히 축적하는 것이 낫다고 생각합니다. 더 나은 환경에서 안전하게 살아갈 수 있는 방법은 부자가 되는 길이니까요. 여기서 저는 염세적인 측면을 고수하고자 합니다. 저는 더 이상 단순한 마르크스주의적 논리를 믿지 않습니다. 위기가 고조되어 사람들이 가난한 상태로 전락하게 되면서 자본주의의 모순을 공감하게 된다는 식으로 쉽게 생각하는 것에 동의할 수 없습니다. 우리는 교훈을 얻어야 합니다. 지난 위기가 우리에게 준 슬픈 교훈이 이것입니다. 연대감보다는 상대적 부를 통한 분리가 더 강했다는 것이죠. 사회적 약자나 외국인이 손쉬운 배제의 대상이 되었습니다. 이것이 바로 유럽에서 일어난 일입니다. 이주민들이 손쉬운 희생양으로 간주되고 있습니다. 하층계급들이 이런 외국인에 대한 폭력에 훨씬 잘 동원됩니다. 오히려 부르주아가 관용의 자세를 갖고 있기 일쑤입니다.

맑시즘의 명제는 끝났다

제가 점점 더 확신하는 것은 오래된 마르크스주의의 명제, 즉 국가에 저항하는 것이 작동하지 않는다는 사실입니다. 이런 상황에서 어떻게 거대한 사회적 기획을 재구성할 수 있을까요? 직접 민주주의나 자기 조직화 같은 새로운 정치모델들이 있지만 제대로 작동할 거라 보기 어렵습니다. 우리가 지금 거대한 사회적 기획을 재창조할 수 있습니까? 힌트가 없진 않습니다. 후쿠시마를 보시죠. 후쿠시마 사건이 초래한 것은 더 강력한 효과입니다. 수많은 사람들이 옮겨가도록 만든 계기였습니다. 민족국가라는 단위를 넘어서게 만드는 것이 이런 파국입니다. 민족국가 단위를 넘어서는 사회적 기획이 필요합니다. 규율이나 희생, 또는 공동체정신 같은 것은 서구 자유주의의 개념입니다. 우리는 이런 자유지상주의적인 기획을 피해야 합니다. 그리스가 그러한 예를 잘 보여주고 있습니다. 시리자가 패배한 것을 보십시오. 시리자에 투표를 하면 자본이 빠져나간다고 선거 때 반대당들이 엄포를 놓았습니다. 설령 시리자가 집권했더라도 무엇을 할 수 있었겠습니까? 거리의 민주주의가 문제라기보다, 어떻게 부패를 없애고 강력한 금융자본을 규제할 것인지 따위의 문제가 많이 있습니다.

1990년대 좌파들은 유행에 민감했습니다. 한국에서도 유행했던 것으로 아는데, 들뢰즈Gilles Deleuze와 가타리Félix Gattari가 말하는 미시정치나 분자운동 같은, 중앙집중적인 조직에 대항한 관점이 대두됐지요. 저는 이런 생각이 극단적이라고 봅니다. 유전공학적인 사유가 들어 있는 것인데, 이런 식으로 맺어지는 연대가 어떤 것이고 무엇을 할 수 있는 것인지 알 수 없습니다.

많은 좌파들은 오만한 경향이 있습니다. 멍청한 대중이 자기 이익만 추구한다는 것입니다. 그러나 평범한 대중은 훨씬 개방적이고, 대안에 대해 유연한 태도를 가지고 있습니다. 미국의 대표적인 후기 마르크스주의자인 프레드릭 제임슨Fredric Jameson은 '인지적 지도그리기'(Cognitive Mapping, 현실에 대한 총체적 조망, 즉 세상은 어떻게 되어 있는가에 관한 추구. 그에 의하면 '포스트모던 건축물 안에서는 인지적 지도를 그리기가 어렵다. 한번 대형빌딩 안에 갇히면 어디가 출구인지, 빌딩 속 나의 위치는 어디인지 알기 어렵다'고 한다_편집자)라는 개념을 만들었습니다. 알 수 없는 것을 알기 위해서 말입니다. 정통 마르크스주의에 의하면 모든 게 명확했습니다. 그러나 지금 우리는 무슨 일이 일어나고 있는지 모르고 있습니다. 중국의 경우만 해도 그렇습니다. 공산주의이면서 자본주의라는 이상한 현실입니다. 무슨 자본주의인지 명확하지 않습니다. 오늘

날은 단언하건대 이론의 시대가 왔다고 할 수 있습니다. 사람들은 과거보다도 더 많이 사유하기를 원합니다. 사유에 목말라 있어요. 윤리적인 결단을 하고 싶어 합니다. 완전히 새로운 상황인 것이죠. 과거의 방식으로는 대답을 구할 수가 없습니다. 이런 까닭에 오늘날 우리는 더욱더 도그마적인 사고를 지양해야 합니다. 낙태나 유전공학의 영향 같은 실천 문제에 대해 대답할 수 있기 위해 개방적인 태도를 취해야 합니다. 어떤 것도 명확한 것은 없습니다.

기회를 어떻게
이용할 것인가

홍세화 화제를 이집트로 돌려보지요. 무슬림형제단이 집권했는데, 여기에 대해서는 어떻게 생각하는지요?

지젝 모든 운동은 다수가 일으키는 것이 아닙니다. 10퍼센트만 운동에 참여합니다. 언제나 소수가 중심입니다. 소수에 대해 다수가 공감하는 거죠. 인권이나 정의 같은 단어들이 사회 전체를 꿰뚫을 수 있게 만드는 것은 이런 소수의 운동입니다. 따라서 이렇게 소수이긴 하지만 사회적인 조직화가 필요합니다.

이집트의 경우를 봐도 상황은 명확합니다. 시민단체들은 조직화된 채로 남아 있었습니다. 군중에 관한 환상을 가지자고 말하는 것이 아닙니다. 어마어마한 군중이 광장에 모여서 하나의 구호를 외치는 광경은 얼마든지 가능한 일입니다. 수백만이 광장에 모이는 것은 어렵지 않습니다. 중요한 것은 그 뒤에 일어나는 일들입니다. 일상으로 돌아갔을 때, 무슨 일이 벌어지는지 그것이 중요합니다. 사람들이 변화를 어떻게 느끼는지 그것이 핵심이죠. 이 지점에서 좌파의 고민이 시작되어야 합니다. 사람들을 조직해서 대규모 시위를 벌이기는 상대적으로 쉽습니다. 그러나 그것을 통해 사람들의 견해나 일상을 바꾸는 것은 쉽지 않습니다.

저는 거대한 혁명 따위를 기다리는 것은 의미 없다고 생각합니다. 거기에 모인 사람들이 구체적으로 무엇을 생각하고 있는지 그것이 문제입니다. 자본주의가 전 지구화되더라도 거기에는 분명 변화의 여지가 있습니다. 자본주의는 균질적이지 않습니다. 스칸디나비아 국가를 보십시오. 이들 국가는 평등권을 잘 보장하고, 사회정의 실현에도 앞장섰다고 알려져 있습니다. 무상교육이나 무상의료 같은 사회복지제도도 잘되어 있습니다. 노르웨이의 경우도 놀랍습니다. 노르웨이 민영기업의 경우, 가장 낮은 임금을 받는 청소부와 최상위 관리직 사이의 임금 비율이 1 대 4 또는 1 대 5 정도입니다. 이런 것들이 노르웨이의 사회 윤리를 구성하고 있습니다. 아마 신자유주의적인 관점에서 본다면, 이것은 전혀 경쟁적이지 않기 때문에 제대로 작동하지 않을 것이라고 말할 수 있을 것입니다.

한편 〈월스트리트 저널〉은 지구상에서 경쟁이 가장 심한 나라로 홍콩과 싱가포르 다음으로 스칸디나비아 국가들을 손꼽았는데 우리는 이를 통해 시장 경쟁력과 높은 수준의 연대정신 및 평등주의가 조화롭게 결합된 것을 확인할 수 있습니다. 신자유주의가 말하고 있는 것과 다른 현실이 가능한 것입니다. 오늘날 정치의 기술이라는 것은 비록 우리가 체제 자체를 바꿀 수 없는 상황에 처해 있더라도 현재의 체제 내에서 할 수 있는 일을 찾아내는 것이어야 합니다. 체제란 것은 획일적으로 똑같을 수 없습니다. 룰라의 경우를 이상화하고 싶진 않지만, 브라질의 혁신도 중요합니다. 경제 위기를 야기하지 않은 채로 다양한 개혁을 추구할 수 있었습니다. 과거에 대한 향수 같은 것도 불러들이지 않았죠. 이상주의와 결합된 실용주의적 정신, 이것이 바로 오늘날 좌파에게 필요한 것입니다.

좌파에게 필요한 실용주의 정신

대중문화를 예로 들어볼까요? TV 시리즈에 등장하는 캐릭터들은 하나같이 이상하리만큼 비정상적인 인물들인데, 〈심슨네 가족들〉 같은 만화가 그렇습니다. 못된 아버지가 자식들을 괴롭히는 장면이 빈번하게 나옵니다. 미국 드라마 〈24시〉의 주인공인 잭 바우어도 극단적으로 비정상적인 사람입니다. 국가를 구하기 위해서는 그 어떤 것도 할 자세가 되어 있죠. 심지어 모든 규칙을 깨버리기도 합니다. 기꺼이 나의 삶을 희생할 준비가 되어 있다는 뜻입니다. 이런 것이야말로 실용주의적으로 창조된 범죄자의 태도입니다. 현실적으로 필요하다면 무엇이든지 할 수 있다는 것이죠. 저는 〈심슨네 가족들〉에 나오는 아버지, 호머 심슨을 좋아합니다. 내 아들이 항상 보기 때문에 저도 거의 매일 보죠. 재미있는 게, 호머 심슨은 원시적 즐거움을 추구합니다. 친구를 놀려놓고 천진하게 웃는 식이죠. 저는 고통을 호소하는 권위적인 정치인들을 싫어합니다. 일을 잘하면 그 누구든 즐거울 수 있는데 말입니다. 우리의 성공을 보장할 수 있는 것은 아무것도 없지만, 상황은 우리에게 근본적인 행동을 요구합니다. 저는 지나치게 비관적이지는 않습니다.

다시 유럽에 관한 이야기로 돌아가 볼까요? 유럽은 세계를 지배하는 두 가지 중요한 모델을 만들었습니다. 앵글로색슨의 자유주의와, 사람들이 '아시아적 가치의 자본주의'라고 잘못 부르기도 하는 권위주의적인 자본주의가 그것입니다. 나는 이 둘만이 유일한 선택이라고 말하는 세상에 살고 싶지 않습니다. 권위주의적인 자본주의이든 야만적인 자유주의이든, 해결책이 나올 때는 각국의 특수한 상황에 맞추어 나와야 할 것입니다. 유럽은 유럽의 전통에서 나오고, 남미는 남미의 모색 속에서 나오고, 한국은 한국의 토양에서 나와야 합니다. 이를 위해 다분히 우리는 실용주의적인 입장을 취해야할 것입니다. 그리스가 훌륭한 교훈이 될 수 있겠죠. 위기의 순간에는 아무리 작은 당이라고 할지라도 갑자기 폭발할 수가 있습니다. 그러한 점에서 보더라도 우리는 실용주의적인 자세를 견지해야 합니다. 기회가 왔을 때 그 기회를 어떻게 이용할 것인가 배우는 것이 실용주의 정신입니다. 우리는 다시 한번 진정으로 '흥미로운 시대'에 살고 있습니다.

희망이란 모든
가능성들에 열려있는 순간

홍세화 오늘은 한국전쟁이 발발한 지 62주년이 되는 날입니다. 한반도에서의 전쟁과 그로 인한 민족 분단은 이제 세계에서 유례가 없는 일이 되었습니다. 많은 학자들은 분단이 민주주의 발전을 더디게 하고, 자본의 모순을 악화시킨다고 지적해 왔는데, 무엇보다 분단 체제의 조건으로 인해 '혁명'이란 말은 냉소를 넘어 적대적인 반응을 불러일으키는 언어였습니다. 이는 사회 비판적인 세력들에게도 마찬가지여서 단절된 역사를 지닌 좌파들에게 1989년 이후 혁명은 영원히 '불가능한 것'이 된 느낌입니다. 당신은 한반도의 분단 상황을 어떻게 파악하고 있는지요?

지젝 한반도는 중국, 러시아, 일본 등 세 개의 초강대국Super power으로 둘러싸여 있습니다.

홍세화 미국도 있습니다.

지젝 맞습니다. 하지만 미국은 멀리 떨어져 있습니다. 남북한 분단의 원인은 내부에 있지 않습니다. 그럼에도 불구하고 한반도는 다른 나라에서 볼 수 없는 고유한 방식으로 돌아가고 있습니다. 저는 강대국 틈에서 생존하려고 애쓰는 작은 나라들이 대단하다고 생각하는데 특히 북한 같은 경우 그 비극적 상황을 고려하면 더욱더 그렇습니다. 저는 북한의 상황에 관하여 그 어떤 견고한 이론도 가지고 있지는 않지만 북한의 이데올로기는 아주 환상적이라고 생각합니다. 지금까지 알려진 모든 공산주의 체제-스탈린주의나 마오쩌둥주의조차-에서는 아들 또는 가족에게 권력이 세습되는 것을 허용치 않았습니다. 한 가족이나 가문 내에서 권력을 직접적으로 재창출하는 것이 금지되어 있죠. 물론 교육이나 물질적인 면에서 자녀들에게 특권을 베풀 수는 있습니다. 외국에서 공부하게 하고, 좋은 조건에서 생활하게끔 하며, 좋은 일자리를 누리게 하는 특권은 무방하다고 볼 수 있죠. 하지만 정치적으로 자식 등의 가족에게 권력을 세습하는 것은 허용이 안 됩니다. 이것은 훌륭한 규칙입니다. 스탈린도, 심지어는 마오쩌둥도 그랬습니다. 마오쩌둥의 자녀들은 정치적으로 그 어떤 역할도 맡지 않았습니다. 마오쩌둥의 아들은 한국전쟁에 참전하여 전사하기까지 했어요. 북한은 마오쩌둥과 스탈린을 우상시하면서도 자연상태(원시상태)의 한계로 되돌아갔습니다. 어느 누구도 마오쩌둥이 신과 대화를 했다거나 하늘로 날아갔다고 말하지 않습니다. 북한 정권은 직계가족이라는 것이 왕조처럼 되어 있어, 이를 선전하여 초자연적인 속성을 그 가족들에게 직접적으로 연관시킵니다. 이러한 속성을 지닌 아들을 만들기는 쉽죠. 저 같은 서양인은 이러한 시스템의 사회적 기능이 무엇인지 무척 궁금합니다.

홍세화 분단체제의 내적 문제를 들여다보셨습니다만, 한반도가

분단된 것은 이데올로기적인 것이라기보다는 지정학적인 문제가 더 크게 작용했다고 봐야 하지 않을까 싶습니다만. 다시 말해 당신의 표현처럼 대륙 세력과 해양 세력이라는 슈퍼파워들의 역학 관계가 분단 상황에 오게 한 셈이죠. 여기서 미국과 일본이 해양 세력이고 중국과 러시아가 대륙 세력임은 설명할 필요가 없겠습니다.

북한은 중국과 러시아로부터 어느 정도의 원조를 받았습니다. 전쟁으로 미국으로부터 완전히 당한 경험이 있는 북한은 지금 미국은 물론 러시아와 중국으로부터도 고립되어 있습니다. 반면 남한은 러시아와 중국과 수교 상태로 자유롭게 교역을 합니다. 북한은 미국이나 일본과 수교가 되어 있지 않고요. 이런 불균형의 상태에서 북한은 경제적으로 더욱더 뒤처지고 있습니다. 그러니 북한 내에서는 한번 흔들리면 걷잡을 수 없다는 공감대가 군부를 중심으로 깊이 자리 잡고 있고 이것이 체제 내부를 더욱 극단적으로 몰아가는 것이라 봅니다.

크리스토퍼 히친스의 명언

지젝 여기서의 역설은 안전이냐, 고립이냐 하는 것입니다. 북한은 이미 외국으로부터 식량 원조 등을 필요로 하고 있습니다. 북한이 독자적으로 생존하는 것은 불가능합니다. 결국 서방 세계로부터 원조를 받기 위해 핵폭탄을 들먹이는 식이죠. 이것은 기본적으로 자주적인autonomous 정부가 아닙니다. 전적으로 다른 나라에 의존하고 있는 거죠.

제가 그리 좋아하는 사람은 아니지만 크리스토퍼 히친스Christopher Hitchens가 이런 재미있는 말을 했습니다. '국민들이 혼란 속에서 고통을 겪는 정권이 있고, 전적으로 통치는 되고 있으나 혼란 상태에 있는 정권이 있다. 이러한 정권은 기본적인 안전을 제공한다.' 북한은 통치는 되고 있으나 동시에 혼란 상태에 있다고 볼 수 있습니다. 식량 분배 같은 것은 제 기능을 전혀 발휘하지 못하고 있죠. 통상 전체주의 정권에서는 통치도 완벽히 되고 내부에서 일종의 안전도 제공되지만, 지식인들이 전혀 제기능을 하지 못하죠.

홍세화 당신이 태어났고 자란 슬로베니아의 상황은 어떻습니까, 슬로베니아도 전체주의를 경험하지 않았습니까?

지젝 슬로베니아의 전체주의는 아주 부드러운 편이었습니다. 물론 과거로 회귀하고 싶어 하는 국민들도 있지만 오늘날의 슬로베니아는 완전히 개방되어 있어서 국민들은 서방 세계로 맘껏 갈 수 있습니다. 국경도 마음대로 넘나들 수 있고 외국 영화도 자유롭게 상영됩니다. 어떤 슬로베니아 사람들은 커피를 사기 위해 이탈리아나 오스트리아를 다녀오기도 합니다. 국경 지역에서 경찰은 보통 차를 세우지 않습니다. 이는 종전의 공산주의와 약간 다른 것이긴 하지만 슬로베니아는 여전히 공산주의 체제입니다. 공산당이 제1집권당이고 등등……. 하지만 자율적입니다. 경제적 위기가 불어 닥쳐서 민족주의로 흐르기는 했지만 말입니다.

홍세화 아쉽게도 약속한 시간이 다 되었네요. 과거의 역사적 상황과 지금의 전혀 다른 새로운 상황에 대해, 특히 지금의 자유주의적 민주주의와는 다른 민주주의(배제된 자들의 민주주의)에 대해, 전 지구적 자본주의의 파국 상황에 대한 해방정치의 가능성에 대해, 나아가 슬로베니아 이야기뿐 아니라 한국의 현실에 대해 더 많은 이야기를 나누고 싶지만 다음 기회로 미루어야겠네요. 대화는 이제 시작된 것이라 생각합니다. 오늘 잊지 못할 만남이었습니다.

지젝 희망이란 모든 가능성들에 열려있는 순간입니다. 한국은 공산주의가 왜 잘못됐는지를 마음에 새겼기 때문에 희망의 땅이 될 수 있습니다. 내년에 또 만날 수 있기를!

2부 지금, 여기, 무엇을 할 것인가
What is to be done

Wednesday, June 27, 2012
경희대학교 평화의 전당

함축적인
거짓말

　시작하기에 앞서, 한국을 방문하게 된 것을 무척 자랑스럽게 생각한다는 말씀을 먼저 드리고 싶습니다. 이유는 이렇습니다. 들리는 바로, 제가 쓴 책들이 한국에서 비교적 성공했다고 하더군요. 그러다 보니 저에게 희망이 생겼습니다. 저는 물론 이런 다문화적인 이데올로기를 신뢰한 적이 없었습니다. 완전한 의사소통은 불가능하다, 또는 서로 간의 상호소통은 불가능하다는 시각이 있었죠.

　그러나 한편으로 저는 항상 보편성이라는 것이 가능하다는 생각을 해왔습니다. 영적인 차원의 보편성까지는 아니더라도, 어떤 분투와 어려움에 대한 보편성 말입니다. 우리 모두는 각자 어려움을 가지고 있지만 공통의 영적인 본질을 공유하고 있습니다. 그리고 해방, 자유 등을 위한 공통의 분투를 하고 있기도 합니다. 결국, 보편성이라는 것은 어떤 투쟁의 보편성이라고 할 수 있겠습니다.

　무엇보다도 오늘 이 자리에 참석해주신 여러분께 진심으로 감사를 표하고 싶습니다. 그리고 주최 측에도 특별한 감사의 인사를 건넵니다. 또 친절하게 저를 소개해주시고 이론적인 배경까지 설명해주신 이택광 교수께도 감사드립니다. 방금 저에 관해 뭔가 소개가 되고 있는 것 같았는데, 우리나라의 이름과 제 이름까지만 이해했습니다.(웃음) 저와 관련된 내용이 어쨌든 소개되고 있다는 것, 그리고 저의 신념이 소개되고 있다는 것은 직감할 수 있었습니다. 정확하게 내용을 알 수는 없었지만요. 누군가가 상대방을 묘사할 때 어떤 문구가 사용되는지를 알지 못한다면 완전한 이해는 어려울 것입니다. 라캉이 개발한 정신분석이론에 따르면, 이와 같은 간극이 저와 저의 상징적인 정체성 사이의 갭을 창출하는 것입니다. 바로 이 간극이라고 하는 것이 사실 모든 역설의 근간입니다. 여러분도 자신의 정체성과 상징적인 정체성 간의 간극에 대해 생각해보기를 바랍니다.

다음으로 드리고 싶은 말씀은 제가 한국의 문화에 대해 얼마나 매료되었는지 하는 것입니다. 여러분이 기대하는 정도까지는 아닐지라도, 저는 한국 영화를 좋아합니다. 〈봄 여름 가을 겨울 그리고 봄〉과 같은 어떤 정신적인 영화보다는, 북한의 스파이가 한국에 와서 사랑에 빠지는 식의 영화를 저는 더 선호합니다. 예술이 지나친 것은 좋아하지 않지요. 여기까지가 여러분과 처음 만나면서 전하고 싶었던 이야기라면, 이제부터는 본격적으로 강연을 시작하도록 하겠습니다.

크림 없는 커피, 우유 없는 커피

1930년대 말 할리우드 코미디 영화에 나온 유머로 이야기를 시작해보지요. 주인공이 카페에 가서 크림 없는 커피를 주문합니다. 웨이터는 "죄송합니다만 크림이 다 떨어지고 우유만 있습니다. 크림 없는 커피는 없고 우유 없는 커피만 있습니다"라고 대답합니다.(웃음) 흥미로운 것은, 여기서 없는 것, 즉 부정이 바로 그 정체성의 일부분이 된다는 것입니다. 그리고 그것이 변증법의 기본적 메시지의 일부분이 된다는 것입니다. 지금 없다고 인정하는 것이 정체성의 일부가 된다는 것, 물리적으로 봤을 때 우유 없는 커피는 크림 없는 커피와 같이 그냥 커피일 뿐인데, 그러나 둘은 같지 않다는 것입니다. 분명한 차이가 있습니다. 무엇이 없는 커피냐에 따라서 결과가 달라질 수 있다는 것입니다.

이러한 역설을 조금 더 발전시켜 다른 영화를 인용해보겠습니다. 영국 노동자 계급이 주인공인 코미디로 젊은 여자와 남자친구가 장난스럽게 말을 주고받습니다. 저녁 식사가 끝난 뒤 남자친구가 이 여자를 바래다줍니다. 여자가 이렇게 말합니다. 또 커피 이야기인데요, "내 아파트에 들어와서 커피 한잔하고 갈래?" 남자친구가 대답합니다. "그러면 좋겠지만, 나는 커피를 마시지 않아." 여자는 이렇게 대답합니다. "문제 될 것 없어. 우리 집에는 커피가 없어." 결국 어떤 일도 일어나지 않은 것입니다. 다만 이중부정만 일어난 것입니다. "나는 커피 안 마셔." "우리 집에도 커피가 없어." 이것 이상의 에로틱한 초청이 있을까요? 직접적으로 우리가 예상한 바를 이야기한 것입니다. 커피는 어디까지나 구실에 불과했던 것이죠.

그렇다면 왜 이런 농담으로 시간을 낭비하는 걸까요? 왜냐하면 오늘날 이데올로기가 작동하는 방식을 보면—이와 관련해서는 나중에 좀 더 자세히 말씀드리겠습니다만—직설적인 거짓말은 하지 않기 때문입니다. 어떤 것이 '사실이다 혹은 아니다'라고 직접적으로 말하지 않습니다. 오히려 함축적으로 거짓을 말합니다. 우리에게 함축적인 의미를 주면서 정반대의 의미를 전달하는 식이죠. 커피의 예가 적절할 것 같습니다. 우유가 없는 커피를 말하지만 결국은 크림 없는 커피를 준다는 것입니다. 따라서 함축적 의미에 주목해야 합니다. 직접적으로 말하지 않는 그 메시지에 주목해야 합니다.

유럽에서는 심장질환이 한국보다 많이 발생하고 있는데 그 원인은 금융 위기 때문입니다. 권력자들이 긴축조치를 더 많이 강요하면서 임금을 낮추고 보건 서비스를 축소하기 때문이죠. 예를 들어, 우유 없는 커피를 마셔야 한다고 지도층이 강요하고 있다 칩시다. 그것은 사실상은 크림 없는 커피를 마시라는 것이죠. 이런 식의 이데올로기에 대항하려면 각각의 함축적 의미를 잘 살펴보아야 합니다. 이렇게 하는 것이 왜 그렇게 중요할까요? 이와 관련된 것이 저의 첫 번째 메시지입니다.

백만 마리 동물 관리

헤겔의 담론에서는 이것을 총체성Totality이라고 합니다. 거기에는 실재하는 것의 총체성, 그리고 실재하지 않는 것의 총체성 등등이 포함됩니다. 실제 변증법적 분석을 해보면 핵심은 특정 사건을 조화로운 총체성에 넣고자 하는 것이 아닙니다. 현상을 있는 그대로 보지 말고 총체적으로 보는 것만으로는 충분하지 않습니다. 특정 개념 속에 다양한 부정과 실패를 포함시켜야 합니다.

예를 들어 오늘의 자본주의에 대해 생각해봅시다. 자본주의를 총체성으로 바라보려면 '이것이 이상적으로 좋은 시스템이다'라고 묘사하는 것만으로는 충분하지 않습니다. 자유주의, 시장경제만을 언급할 것이 아니라 다른 측면까지 포함하여 총체적으로 보아야 하고 또 무엇보다 자본주의가 실패하는 지점도 살펴봐야 합니다. 나아가 국내외적으로도 총체적으로 바라봐야 하지요.

사람들은 애플사의 성공을 많이 칭송하고 있습니다. 포스트모던 디지털 기술의 성공을 보여주는 자본주의 성공사례라고 말합니다. 하지만 폭스콘 없는 애플사가 가능하겠습니까? 그런데 여러분은 중국의 공장에서 어떤 일이 일어나고 있는지 알고 계십니까? 얼마 전 알게 된 사실입니다만, 중국 폭스콘 공장의 대표가 타이베이에 방문했다고 합니다. 거기서 했던 말이 "백만 마리의 동물", 여기서 동물이라는 것은 자기 회사의 노동자들을 이야기하는 것인데요, "매일 백만 마리의 동물들을 관리하느라 골치가 아프다"라는 것입니다.

또 다른 예로 콩고를 들어볼까요? 현재 콩고공화국의 상황은 굉장히 끔찍합니다. 콩고공화국은 많은 자연자원과 광물을 가지고 있습니다. 그러나 국가 자체는 제대로 기능을 하지 못하고 있지요. 국지적으로 전투가 일어나고 있고 광물을 둘러싼 분쟁이 일어나고 있습니다. 이 나라에는 상당히 많은 수의 아동 전사들이 있습니다. 아동들에게 군사훈련을 시켜서 전쟁터로 내보내는 것이죠. 그런데 콩고가 아직 충분히 개발되지 않았고 상황이 이렇기 때문에 글로벌 자본주의에 포함시켜서는 안 된다고 말하는 것은 적절치 않습니다. 오히려 이렇게 법치가 부재한 국가도 포함시켜야 하는 것이죠. 콩고는 오늘날 글로벌 자본주의의 일부분입니다. 글로벌 자본주의는 단지 성공한 국가들만 포함시키는 것이 아닙니다. 즉 중국이나 싱가포르, 북부 유럽뿐만 아니라 콩고와 같은 암흑의 세계까지 포함된 개념입니다.

다른 나라 말고 한국을 예로 들어볼까요? 한국은 굉장히 성장을 잘하고 있는 경우인데, 이런 일이 있었습니다. 몇 년 전 한국의 대기업 중 하나가 마다가스카르에 비옥한 토지를 사려고 했습니다. 한국만이 아니라 오늘날 개발된 많은 국가들이 아프리카의 비옥한 토지를 사려고 하죠. 그런데 그 과정에서 마다가스카르에 새로운 기아 문제를 발생시키고 있습니다. 이것 역시도 글로벌 자본주의의 한 요소입니다.

실업은 자본주의의 필연

이쯤에서 변증법적인 분석을 해보겠습니다. 여러분은 자본주의 혹은 공산주의에 관한 일반적으로 보편적인 생각을 가지고 있을 것입니다. 그런데 이때에도 각 체제들의 실패 사례들, 또는 의도치 않았던 개념의 부산물들을 반드시 살펴보아야 합니다. 변증법에서는 이런 실패들이 단지 운이 없어서 나타난 것이 아니라 필연적으로 하나의 개념 안에 포함되는 것들입니다. 이러한 실수들, 대립의 과정과 끔찍한 파생물들 역시도 그러한 보편적인 개념에 포함되는 것들이란 거지요.

오늘날 더욱 중요해지고 있는 카테고리는 실업이란 주제입니다.

마르크스를 통해 본다면 착취와도 연결되는데, 오늘날 실업자들은 시간이 흐를수록 점차 중요한 위치를 차지하고 있습니다. 일시적으로 실업 상태에 있는 사람만이 아니라 다른 종류의 실업자들도 중요한 위치를 차지하게 되면서죠. 더 이상 고용이 가능하지 않는 사람들, 영구적인 실직 상태에 있는 사람들이 존재합니다. 경우에 따라서는 소말리아, 콩고처럼 나라 전체가 실업 상태에 빠지기도 하고, 또 한 국가 내에서 특정 지역 전체가 실업 상태에 있기도 합니다. 직업과 시장으로부터 고립돼 있는 것이죠. 또 다른 한편으로는 이미 처음부터 취업이 불가능한 사람들이 있습니다. 유럽의 경우도 수백만의 학생들이 교육을 받지만 이들은 자신들에게 취업의 기회조차 주어지지 않으리라는 것을 언제부턴가 깨닫게 되었습니다. 특히 자신이 교육을 받은 전공 영역에서 말입니다. 우리는 이쯤에서 프롤레타리아의 영역에 대해 다시 생각해봐야 하는데, 일을 할 수 있는 기회를 박탈당한 사람들까지도 실직자에 포함시켜야 합니다. 자본주의는 점차 실직을 창출해내고 있는 것입니다.

우리는 왜 예측하지 못하는가?

왜 그럴까요? 우리는 왜 이와 같은 현상을 명확하게 예측하지 못하는 것일까요? 지배하는 헤게모니 이데올로기를 살펴보면 알 수 있습니다. 반反자본주의적 분위기가 만연하고 있는 상황에서는 자본주의를 반대하기가 너무나 쉽습니다. 미디어를 보십시오.

어떤 기업이 아동을 착취하고, 어떤 기업은 환경을 오염시키고, 어떤 은행은 투기를 하고 있다는 보도가 연일 나오고 있습니다. 자본주의에 대한 비판이 이렇게 넘치고 탐욕스런 자본가와 은행에 대한 보도가 끊임없이 쏟아지지만 거의 전부가 특정 개인들에게 초점이 맞추어져 있습니다.

'자본가는 탐욕스럽다'라는 해석에 저는 이제 싫증이 납니다. 자본주의에서 탐욕이 큰 피해를 초래할 수 있다는 것은 이미 밝혀진 사실이지만, 우리가 자본주의에 대해서 반대한다고 이야기할 때 사람들을 도덕적으로 탓하고 탐욕과 부패로 원인을 돌리는 것은 중요한 분석을 하지 못하도록 만듭니다. 분석은 시스템 자체에 관한 분석이어야 합니다. 그러한 논의는 시스템 자체에 어떠한 문제가 있는지 분석하지 못하도록 만드는 것입니다. 이것이 가장 심각한 문제라고 생각합니다.

이 지점에서 프랜시스 후쿠야마를 떠올리고 싶은데, 대부분의 자본주의 비판가들이 그렇듯이, 대다수 사람들은 자유민주주의만이 우리가 허용할 수 있는 체제라고 받아들이고 있습니다. '자유민주주의만이 제대로 기능할 수 있는 체제'라고 보는 것이죠. 그러면서 '어떻게 이것을 효율적으로 만들 수 있는가'만을 고민합니다.

제가 어렸을 때는 말이죠, 인간의 얼굴을 한 사회주의를 위해서 투쟁하는 사람들이 있었습니다. 그때만 하더라도 다른 시스템을 옹호하는 사람들이 있었습니다. 그러나 세월이 흐르면서 이들도 글로벌 자본주의를 추구하게 되었고, 더 많은 권리와 자유를 주창하는 공리주의자들이 되었습니다. 이제는 자본주의

체제가 아닌 체제는 더 이상 상상하기 어려운 상황이 돼버린 것입니다.

제 친구에 관한 얘기를 좀 할까요? 공상과학 소설을 통해 우리는 쉽게 세계의 종말을 생각해 볼 수 있습니다. 우리는 이처럼 종말을 생각해볼 수는 있지만, 그러나 자본주의의 종말을 상상하기란 불가능하다고 친구가 얘기한 적이 있습니다. 그러니까 상황이 참 복잡하고 모호한 거죠.

2011년 가을에 이데올로기 투쟁에 관한 책을 읽었는데, 중화인민공화국 정부 측에서 문화 전 분야에 걸쳐서 시간여행에 관한 이야기를 다루는 것을 금지했다는 것을 알게 되었습니다. 텔레비전이라든가 소설, 영화에서 다루는 것을요. 왜 그랬을까요? 사람들이 다른 대안에 대해 생각하게 될까 봐 두려웠던 것이죠. 그런데 비단 중국만이 아닙니다. 다른 국가에서도 마찬가지이니 사람들이 또 다른 대안에 대해 생각할 수 있기란 쉽지 않습니다.

제가 이런 이야기를 왜 하는 걸까요? 지금 문제가 무엇일까요? 20세기 공산주의가 끔찍하게 실패했다는 것을 우리 모두는 잘 알고 있습니다. 대재앙이었습니다. 그러니까 오늘날 우리가 갖고 있는 체제를 고수하면 되지 않느냐고 말할 수 있겠죠. 이미 번역된 것으로 알고 있는 제 책에서 이야기했던 부분을 좀 말씀드리면, 오늘날 우리는 새로운 문제에 직면하고 있습니다. 특히 생태학적 문제나 유전공학 때문에 직면하고 있는 여러 징후들이 나타나고 있고, 또 지적재산권과 관련된 새로운 문제도 등장하고 있습니다. 문제는 글로벌 자본주의 그리고 또 지금의 민주주의 체제 안에서는 이러한 문제를 제대로 다루기 어렵다는 것입니다. 어쩌면 사람들은 좌파적 지향을 가진 사람들이 유토피아적인 생각을 한다고 비판할 수도 있겠습니다만, 제가 말하고자 하는 것은 어떤 대재앙이 일어나서 유토피아로 가게 될 것이라는 식의 이야기가 아닙니다. 더 이상 환경은 급속한 발전을 뒷받침하지 못하리라는 것을 우리는 알고 있습니다. 지구의 환경은 이러한 급속한 발전을 지탱하지 못합니다. 이런 현상을 지역적인 차원에서 대응하는 것만으로는 충분하지 않다는 것이 분명한데, 그럼에도 다른 행동들은 취해지지 않고 있습니다. 왜 그럴까요?

이데올로기는
어떻게 작동하는가

그렇다면 이제 이런 상황에서 이데올로기가 어떻게 작동하는 지 예를 들어 보겠습니다. 제 주장은 이렇습니다. 우리의 모든 자선 활동이나 유기농 식품에 대한 호감도 어떻게 보면 이데올 로기라는 것입니다. 다소 냉소적으로 말씀을 드려야겠는데요, 서방 세계에서는 중산층과 지식인들 사이에서 유기농 식품이 인 기가 굉장히 많습니다. 여러분이 유기농 사과를 유기농 상점에 서 샀다고 합시다. 통상적으로 보는 사과보다도 더 볼품이 없는 데 여러분은 더 비싼 돈을 주고 그 사과를 구입합니다. 정말로 그 상품이 환경을 위해 좋은 일을 했기 때문이라기보다는 그 사 과를 구입함으로써 여러분의 기분이 좋아진다는 것입니다. 환경 파괴는 옳지 않다는 생각을 하면서 저렴한 방법으로 그 문제를 해결하려는 것입니다. '내가 유기농 사과를 구입했으니 나는 지 구 환경보호와 환경보호론자들에게 일종의 기여하고 있는 것이 다'라는 식의 이데올로기가 일부 작동하고 있는 것이죠.

자선 활동도 마찬가지입니다. 어떤 에이전트가 여러분을 아프 리카 아동과 결연을 맺어줘서 여러분이 매달 20달러 정도 기부 하고 1년 후에 그 아이의 사진과 편지를 받는다고 칩시다. 이런 활동은 여러분을 매우 기분 좋게 합니다. '내가 돕는 아이의 얼 굴까지 나는 알고 있다'고 생각하면서 말입니다. 이것은 간편한

출구와 다름없습니다. 왜냐하면 여러분의 생활방식을 크게 바꿀 필요가 없기 때문입니다. 어떻게 보면 미신적인 감정과도 같은 것입니다.

13층이 없는 호텔

저는 오늘 호텔 엘리베이터 안에서 실망한 부분이 있습니다. 미국과 똑같은 현상을 발견했는데, 이곳 한국도 역시 13층이 없더군요. 12층에서 14층으로 바로 넘어갔습니다. 정말로 13이라는 숫자가 두렵다면 굉장히 어리석은 것입니다. 누구를 속이려는 것입니까?(웃음) 14층이 사실은 13층이라는 것을 신은 알고 있습니다. 그럼에도 불구하고 이런 게임에 휘말리는 것입니다. 오늘날의 이데올로기가 이런 식으로 작동하고 있습니다. 실제로는 믿지 않으면서도 믿는 듯이 행동한다는 것입니다.

책에서 여러 번 소개한 사례이기는 하지만, 오늘날의 이데올로기에 너무나도 적합한 예이기 때문에 다시 말씀드리겠습니다. 코펜하겐 외곽에 어떤 철학자가 있었습니다. 한 과학자가 그 철학자를 방문했습니다. 그런데 출입구에 악령을 쫓아내기 위한 부적이 붙어있었습니다. 과학자가 "이성적으로 사고하면서 왜 이런 미신을 걸어 놓았느냐"고 질문하자 철학자는 "나는 바보가 아닙니다. 물론 믿지는 않습니다. 다만 거기에 두는 이유는 믿지 않아도 효과가 있다고 들었기 때문입니다"라고 답했습니다. 오늘날의 이데올로기가 이렇습니다. 민주주의의 정의를 내가 믿지는 않더라도 작동은 한다고 믿는 것입니다. 우리의 자본주의 시스템과 일상의 이데올로기를 보면 이와 같은 미신이 존재합니다. 미신이라는 표현이 적합하지 않다면, 어떤 신념의 표방이라고도 할 수 있겠습니다.

또 다른 예를 들어 볼까요. 미국이 세계 문화에 가장 크게 기여한 것은 〈프렌즈〉와 같은 텔레비전 프로그램이라고 할 수 있겠는데요, 그런 프로그램을 보면 웃어야 하는 바로 그 순간에 정확히 웃음소리가 나옵니다. 한국도 아마 비슷할 겁니다. 여러분, 퇴근하고 나면 피곤하죠? 그래서 텔레비전을 켜게 됩니다. 그런데 그 텔레비전에서 여러분 대신에 웃음까지 웃어줍니다. 그것을 보고 나면 저는 마치 제가 웃은 듯 마음이 좀 풀리는 것을 느낄 수 있습니다. 그 웃음이 효과가 있다는 것을 확인할 수 있죠.

산타클로스를 믿니?

오늘날 사람들은 믿지 않는다고 하지만, 그러나 믿고 있는것처럼 행동하는 것이 감지되는 경우가 허다합니다. 이것을 정신분석학적으로 말하면, '주체가 신념에 반하는 주체'라고 합니다. 우리 슬로베니아 사람들의 경우 애국자가 많지 않습니다. 그럼에도 여러분이 우리나라를 놀리는 것은 싫어합니다. 이유를 물으면 "우리 아들 때문이다" 뭐 이런 식의 핑계를 댑니다.

유럽에는 산타클로스가 있습니다. 빨간 옷을 입고 어린아이들에게 선물을 갖다 주는 존재, 완벽한 구조 아닙니까? 어른들에게 "산타클로스를 믿으세요?"라고 물어보면 "내가 바보냐?"라며 비웃겠죠. 그럼에도 어른들은 선물을 삽니다. 어린아이들에게 "산타클로스를 믿니?"라고 물으면 "저도 바보가 아녜요. 부모님이 실망할까 봐 믿는 척하는 거예요"라고 답합니다. 이러한 신념이 하나의 사회적인 연결고리로 작동하지만 실제로 믿는 사람은 아무도 없다는 것입니다. 사람들이 믿어야 하는 이 대상이 상상의 존재일 수 있다는 것입니다.

과거 공산주의 유고슬라비아에서 이런 일이 있었습니다. 화장지가 부족하다는 소문이 돌았습니다. 즉, 가게에 판매할 수 있는 화장지가 불충분하다는 것이었습니다. 대부분의 사람들이 그것이 허위라는 것을 알았습니다. 화장지의 공급은 충분했으니까요. 이것은 어디까지나 소문임에도 불구하고, 이 소문을 믿는 몇몇의 사람들이 화장지를 사재기하면서 정말로 화장지의 공급이 부족하게 됩니다. 이런 상황에서는 최대한 빨리 화장지를 확보하는 것이 관건입니다. 이런 소문 때문에 실제로 화장지 공급 부족이 발생했습니다. 일종의 역설입니다.

오늘날의 상황을 이런 식으로 비유할 수 있습니다. 보수론자들은 '우리는 쾌락만을 추구하는 시대에 진입했다. 사람들은 희생을 모른다'라고 주장합니다. 완전히 잘못된 주장이라고 생각합니다. 그러나 일인칭으로서는 믿지 않지만, 우리의 신념이라고 다른 사람에게 투영했을 때는 믿게 되는 것입니다. 이런 식으로 신념이라는 것은 계속해서 다른 방식으로 기능하고 있습니다.

진짜로 믿는 것은 아니지만……

유럽의 과학자들이 종종 이런 실수를 하는 경우가 있습니다. 한번은 원시 사회를 발견해서 그들과 대화를 하게 됐는데 그 원시 부족이 "우리의 토템은 독수리다"라는 식으로 설명하자 과학자들은 "새를 가지고 징표로 삼다니"라고 비웃었습니다. 그런데 다른 유럽인이 이 부족 안으로 들어가서 그들에게 "정말로 인류의 근원이 조류라고 생각하느냐?"라고 물었을 때 어떤 대답이 나왔을까요? "진짜로 믿는 것은 아니지만 우리 삼촌이 그런 말을 했어요"라는 식의 대답이 나올 수도 있습니다. 우리가 인종주의에서 벗어나려고 한다면, 이것은 인종 때문이 아니라 누구든지 그러한 어리석은 생각을 할 수 있다는 것을 인정해야 합니다.

또 다른 얘기를 들려드릴까요? 19세기 중반에 독일인 인류학자와 탐험대가 기니에 있는 한 부족을 방문했습니다. 그들은 '죽음의 춤'을 추는 부족으로 알려져 있었습니다. 인류학자는 춤을 보고 싶다고 요청했고, 하룻밤을 보내고 난 그 다음 날 부족은 그 춤을 보여줬습니다. 인류학자는 상당히 만족스러워하며 원시 부족의 춤에 대한 보고서를 썼습니다. '이 춤은 죽음에 대한 춤이다'라고 말입니다. 그런데 몇 년 후 또 다른 탐험대가 그 부족을 방문해서 예전에 만났던 인류학자와의 만남에 관해서 물었습니다. 두 번째 탐험대는 그 부족의 언어를 미리 배우고 갔기 때문에 좀 더 깊은 대화를 나눌 수 있었는데, 부족은 첫 번째 탐험대가 자신들에게 뭔가를 요구했고 자신들도 그들이 무엇을 원하는지 간파하고자 했다는 것입니다. 그들이 부족에게서 죽음의 춤을 보기를 원한 것으로 이해하고는 그들에게 최대한 친절을 베풀기 위해 죽음을 형상화하는 춤을 인위적으로 만들어냈다는 것입니다. 우리는 그러므로 원시적인 고유성에 대해서도 조심스럽게 접근해야 합니다.

〈패스트 러너〉라는 에스키모에 대한 환상을 담은 영화가 있습니다. 두 에스키모 부족이 서로를 죽인다는 결론입니다. 그런데 에스키모 출신의 한 저자가 그 신화를 바꿔서 두 부족이 서로 화해하는 내용의 책으로 만들어버렸습니다. 저자에게 "왜 그 신화를 상업화하는 내용으로 바꿨느냐"고 물었더니 "그렇지 않다. 내가 쓴 책은 우리 문화를 기반으로 한다. 똑같은 이야기를 반복하는 것이 아니라, 상황에 맞게 고치는 것이 우리의 전통이다"라고 답했습니다. 고유성과 진품에 집착하는 것은 바로 유럽인들이지, 이렇게 상황에 따라 바꾸는 것이 자신들의 전통이라는 것입니다.

'전통의 약', '고유의 약'과 같은 것들을 파는 상점들을 흔히 볼 수 있는데, 아마 한국에서도 그럴 것입니다. 뉴질랜드에는 토착민들이 있습니다. 그들은 뉴욕에 가서 패션이 어떤지를 살펴보고 돌아와서는 토착민들의 의상을 그에 맞게 바꾼다고 합니다. 여기서의 역설이 무엇이냐면, 우리들이 고유성 또는 진품이라는 것에 너무 집착을 함으로서 오히려 그 고유성을 훼손한다는 것입니다.

미신의
이념적 구조

자, 그렇다면 이와 같은 믿음의 구조, 신념의 구조가 왜 그렇게 중요한 것일까요? 이것은 오늘날의 자본주의와 연결해서 생각해 볼 수 있습니다. 신념과도 연관된 것으로써, 주식시장에서의 선물거래는 상당히 복잡한 과정입니다. 투자를 할 때에는 당장 어떻게 될 것이라고 짐작만 하는 것이 아니라 '2년 후에 사람들이 어떠한 투자를 할 것인가, 상황이 어떻게 될 것인가'까지도 짐작해야 합니다. 사람들이 2년 후에 무엇을 믿을 것인가를 미리 점쳐봐야 한다는 것입니다. 무엇을 믿느냐와 연관된 것이기도 한데, 여기서 오늘날 글로벌 자본주의의 취약성을 엿볼 수 있습니다. 물론 객관적인 현실은 없고 우리가 믿는 것만 있다는 것을 이야기하는 것은 아닙니다. 우리가 믿는 것이 우리의 행동 속에서 구체화 된다는 것입니다.

그래서 우리는 마르크스의 '마켓 페티시즘'(Market Fetishism, 시장 물신주의)으로 돌아가야 한다고 생각합니다. 오늘날에도 유효한 개념이라고 생각하는데, 마르크스가 말하는 마켓 페티시즘을 보면 우리는 단지 현실에 맞지 않는 것을 믿는 것이 아니라 우리가 인지하지 못하고 있는 신념을 행동에 옮기고 있다고 말합니다. 마르크스는 굉장히 냉소적인 현실주의자입니다. 그런데 그가 시장의 작동원리를 분석하고 자신이 믿는 것을 실행하려

했습니다. 그는 변증법적으로 신념을 보여주려 했던 것이지요. 여러분, 알고 계셨습니까? 아시아에서 불교가 이야기하는 신념이 심지어 은행가와 자본가들에게도 인기가 많다는 것을요. 최근 들어 가장 인기 있는 종교적 성향이 불교와 오리엔탈리즘이라고 합니다. 왜냐하면 이들은 사회적 현실의 취약성을 너무도 잘 알고 있기 때문입니다. 경제적 지향을 가지고 성공 가도를 달리다 보면 여러 신념이 충돌해서 붕괴할 수 있습니다. 불교의 존재론은 무無에 관해서 이야기 하고 있는 바, 이런 가르침이 모던 혹은 포스트 모더니즘, 심지어 글로벌 자본주의에도 부합한다는 것을 발견할 수 있습니다.

스타벅스 죄책감

다시 미신으로 돌아가서 말씀드리자면, 굉장히 인정하기 어려운 부분이 있습니다. 우리의 책임을 인식하는 것은 그다지 어렵지 않습니다. 예를 들어 우리가 자연을 파괴하고 있다는 사실에 관한 인식 같은 것 말입니다. 그런데 어떻게 보면 우리가 할 수 있는 일에는 한계가 있어 보입니다. 〈멜랑콜리아〉라는 영화를 보면 세계의 종말이 다가와도 결국 속수무책인 인간의 모습을 볼 수 있죠. 인식의 작은 차원에서의 생태학과 생태학으로서의 하나의 생활양식이라는 것, 예를 들어 여러분이 탄산음료 캔과 신문지 재활용을 잘했는지, 못했는지 이런 행동의 80퍼센트 정도는 미신적인 신념에 바탕을 두고 있다고 저는 생각합니다. 물론 그것이 필요 없다는 것은 아니지만 문제의 근본을 철저히 외면하고 있다는 거죠. 쓰레기 분리수거가 지구 환경을 구할 수 있는 것은 아닙니다. 생산에서부터의 변화가 필요한 것이지요. 어쨌든 이러한 기이한 현상을 여러분, 깨닫고 있습니까?

일상에서 벌어지는 또 하나의 미신적인 행위에 대한 예입니다. 여러분이 집에서 친구들과 함께 텔레비전을 통해 스포츠 경기를 보고 있습니다. 여러분은 큰 소리로 팀을 응원합니다. 그 팀이 힘이라도 얻기를 바라는 마음으로요. 하지만 실제로 그 선수들은 여러분의 목소리를 들을 수 없습니다. 조금 전에 말씀드린 캔이나 분리수거도 유사한 예입니다.

여러분이 잘 아는 예를 들지요. 한국에도 스타벅스가 있죠? 스타벅스의 출발점은 소비자들에게 어떤 죄책감 같은 것을 주는 것입니다. 유럽이나 미국에서 스타벅스는 사회적으로 굉장히 의식 있는 회사라는 광고를 합니다. '여러분이 카푸치노를 한 잔 마실 때마다 2센트씩 소말리아 아동에게 전달되고 열대우림 보존에 사용됩니다'라는 식의 자본주의적인 해결책을 제시하는 광고를 합니다. 소비 뒤의 가격을 상품 속에 포함시키는 것이죠. '너무 소비해서 죄책감을 느끼는가? 괜찮다. 조금만 더 소비하면 죄책감을 해소할 해결책을 찾을 수 있다', 이런 식의 신념과 그것이 별다른 의심 없이 받아들여지는 현실이 있다는 것입니다. 오늘날 자본주의의 위기를 이해하려면, 그리고 이데올로기 차원에서 자본주의가 어떻게 작동하는지를 이해하려면, 지금까지의 모든 예가 중요하다고 생각합니다.

이데올로기의
새로운 침투

지금의 자본주의 시스템은 붕괴 직전에 있습니다. 우리는 그 징후를 지난 2~3년간 봐왔습니다. 이 시스템이 거의 극한점까지 왔다는 것을 우리가 어느 정도는 인식하고 있었기 때문에 월가 점령 시위가 일어났다고 저는 생각합니다. 월가 시위는 인종주의나 전쟁에 관한 것이 아니었습니다. 이 시위는 어떤 구조적인 문제가 자본주의 체제 속에서 발견될 수 있다는 것을 사람들이 통찰했기 때문에 일어난 것이었습니다.

그런데 좌파로서 우리는 솔직해져야 합니다. 끔찍하게, 무차별적으로, 솔직해져야 합니다. 여러분이 전통적인 좌파라면 제가 말씀드리는 것이 그다지 달갑게 들리지 않겠지만, 그래도 말씀드리겠습니다. 한 3년 전까지 서구권에서는 자본주의가 대부분의 사람들에게 상당한 번영을 가져왔습니다. 그런데 그 번영의 시기에 마르크스주의자들이나 지식인들은 "이것은 허구일 뿐이다. 위기가 일어나면 바로 붕괴될 것이다"라고 말했습니다. 그러면서 그들은 붕괴가 일어나기를 기다렸고 심지어 카산드라처럼 대재앙을 예언하기 시작했습니다. 카산드라 아시죠? 항상 어떤 재앙을 예언했던 그리스 신화 속 인물 말입니다. 그런데 유럽과 미국, 그리스에서 대규모 시위가 일어나기 시작했습니다. 좌파는 어디에 있었습니까? 어떤 곳에서도 모습을 드러내지 않았습니다. 특

히나 요즘처럼 대규모 시위가 벌어지고 있음에도 불구하고 좌파의 모습을 찾기는 어려웠습니다. 저는 좌파가 사람들을 단합시켜서 이와 같은 시위들이나 운동들이 하나의 큰 제안으로 이끌어지기를 바랐습니다. 그러나 저는 좌파의 대안에 관해서 혹은 그들의 계획에 관해서 전혀 들어본 적이 없습니다. 그렇다고 제가 아주 세부적인 계획까지 기대하는 것은 아닙니다. 제가 말씀드리는 것은 가장 일반적인 계획, 즉 '우리가 무엇을 원하는가?', '우리는 무엇을 할 것인가?'에 관한 계획입니다. 이와 같은 자본주의 붕괴가 진정한 붕괴인가, 아니면 제한적인 붕괴로서 더 많은 공공지출이 필요하고 보건 분야를 개혁해서 더 효율적인 시스템을 만들어야 한다, 혹은 자본주의를 벗어나 새로운 체제로 나아가기 위해서는 무엇인 필요한가라는 계획들 말입니다. 그래서 지역 차원에서의 민주주의 개혁과 같은 현실적인 운동이 필요하다는 등등의 좌파의 대안을, 그러나 저는 들어본 적이 없습니다.

급진적 좌파는 어떤 이야기를 하고 있을까요? 여전히 메시아적 기대에 사로잡혀 있습니다. '우리는 계속 기다릴 뿐이다. 기다리고 있으면 언젠가는 노동자 계급이 어느 순간 자신들의 운명을 깨닫고 진정한 혁명을 일으킬 것이다'라며 기다리고 있습니다. 이처럼 어떤 사건이 일어나기를 기다리고만 있는 것 같습니다. 그러나 그와 같은 사건, 대사건은 일어나지 않는다는 것을 인정해야 합니다. 현실은 계속 이어질 것입니다. 물론 생태학적인 대재앙이나 전쟁은 일어날 수 있겠지만 전 지구적인 대사건이 일어나리라고 저는 생각하지 않습니다.

어느 미국 의사의 궁극의 꿈

여러분 중에는 회의론적인 태도를 가지고 계신 분들도 있으리라 생각합니다. '왜 우리가 이 현실을 받아들이지 못하는가'라는 입장의 사람들도 있을 것입니다. '왜 이렇게 불가능한 꿈을 꾸는가'라는 분들도 있을 것입니다. 우리는 세심해야 합니다. 유럽과 미국, 일본에서 혹은 미디어에서 사람들이 무엇이 가능하고 무엇이 불가능한가를 이야기할 때 아주 이상한 현실에 대해 말하는 것을 볼 수 있습니다. 기술(테크놀로지)과 과학을 통해 모든 것이 가능하다고 이야기하는 것이 그것입니다. 우리가 상상하지 못했던 것들을 기술을 이용해서 가능하게 만든다는 궁극적인 꿈, 즉 테크노-그노시스techno-gnosis에 관해서 이야기합니다. 소프트웨어 프로그램을 이용하고, 하드웨어가 불멸의 존재가 되고, 우리가 꿈꾸는 것들이 현실화될 것이라는 식의 이야기지요. 미국의 한 의사가 성기를 두 개로 분리해서 자신이 원하는 모든 것을 동시에 할 수 있도록 한다는 얘기도 들은 적이 있습니다. 모든 것이 가능해진다는 것이지요. 곧 다른 행성으로의 여행도 가능할 것이라 합니다. 개별적 삶의 영역에서는 테크놀로지, 즉 기술을 이용하면 모든 것이 가능하다고 이야기하고, 인공 장기로 교체하여 심지어 불멸의 존재까지 될 수도 있다고 이야기하면서, 그러면서도 불가능성에 관한 이야기가 줄곧 나오는 걸 어떻게 이해해야 할까요? 기술적으로는 가능한 세계가 열린다고 하면서도 또 다른 한편으로는 사회 변화라는 것, 즉 유토피아적 세계의 도래는 불가능하다고 이야기합니다. 그런 것을 추구하면 마치 테러와 전쟁이 발발할 것처럼 이야기합니다. 오늘날의 이데올로기에 관한 적합한 예가 이런 것이 아닐까 합니다.

뇌의 구조를 바꾸는 프로그램

이데올로기가 반드시 커다란 신념이나 교육만을 뜻하는 것은 아닙니다. 이데올로기라는 것은 우리의 지적공간의 구조를 뜻하는 것입니다. '어떤 것을 가능케 하는가', 또 '어떤 것을 상상할 수 없는 것으로 만드는가'라고 생각하는 구조적인 틀이 이데 올로기입니다. 바로 여기에 오늘날의 문제가 있다고 생각합니다. '이대로 살살 투쟁하자'는 해결책에 저는 동의할 수 없습니다. 저는 비관론자라 후쿠야마의 꿈은 이제 끝났다고 생각합니다. 핵의 위기 혹은 생태적인 위기가 후쿠시마보다도 훨씬 더 큰 힘으로 다가오고 있다고 생각합니다. 수백만의 사람들을 이주시키고 대처하는 일들을 누가 어떻게 하겠습니까?

유전공학을 한번 생각해 보십시오. 굉장히 놀라운 영역입니다. 유전공학뿐만 아니라 여러 요인들이 우리의 심리적인 영역에 영향을 미치고 있습니다. 제 말을 못 믿으시겠다면 구글에 들어가서 다르파DARPA라는 단어를 쳐보십시오. 다르파는 CIA가 후원하는 프로그램으로 굉장히 섬뜩합니다. 이 프로그램의 목적은 신념의 구조를 바꾸는 것입니다. 유전공학으로 뇌에 개입을 함으로서 뇌의 구조를 바꿔 한 사람의 신념까지 바꾸고자 시도하는 프로그램입니다. 예를 들어, 이슬람 근본주의 신봉자가 테러리스트가 됐다고 가정해봅시다. 다르파는 이 사람이 그러한 신념을 신봉하기까지 뇌에서 어떤 반응을 보였는가를 관찰한 후에 이데올로기적인 세뇌를 하는 것이 아니라, 다른 방법을 사용합니다. 세뇌는 반복적으로 주입을 시키는 것인 반면, 다르파는 화학적인 수술요법을 통해 뇌에 직접적으로 침투합니다. 이런 식으로 이데올로기적인 대결에 대해 전혀 다른 방식의 대책을 세우는 것입니다. 이데올로기적으로 해결한다는 것이 아니라 '너의 뇌로 들어가서 직접 바꿔버리겠다'는 방식입니다. 저는 이러한 프로그램을 탓하려는 것이 아닙니다. 오늘날에는 컴퓨터가 여러분의 뇌의 명령을 해독할 수 있습니다. 그러다 보니 신체적인 불구자가 되어도 스티븐 호킹Stephen William Hawking처럼 자신의 생각을 컴퓨터와 연결하면 생각을 인지해서 명령을 받아 실행할 수 있습니다. 생각만으로 사물을 움직이게 만들 수 있습니다. 뿐만 아니라 여러분 자신에게도 영향을 미칠 수 있지요.

어두운 미래를 예고하고자 이런 이야기를 하는 것이 아닙니다. 다만 인간이라는 존재에 정체성을 위협하는 현상들이 나타나고 있다는 것입니다. 저는 이곳에서 제 생각을 가지고 말씀을 드리는 것이고 실재는 저 너머에 있습니다. 여러분이 저에게 어떤 위협을 하더라도 저의 사고 영역은 저의 것이고 저의 자유입니다. 그런데 이런 사고의 영역이 무너진다고 상상해 보십시오. 엄청난 도전이 다가올 것입니다. 오늘날의 글로벌 자본주의를 생각해 보십시오. 이데올로기는 단지 거짓이 아닙니다. 실질적인 문제를 다루고 있는데 거짓된 방식으로 접근하고 있는 것입니다. 생태학이라는 것이 이데올로기가 되는 경우가 있습니다. 이를테면 (개개인의 영성적 변화가 구원에 이른다는) 뉴에이지 종교에서 환경을 보호하겠다는 식으로 나오면 이것이야말로 새로운 형태의 이데올로기라고 할 수 있습니다.

이데올로기는 어떻게
우리의 생각을 지배하는가

다른 얘기를 좀 해 볼까요? 우리는 관용에 대해서 많은 이야기를 합니다. 그런데 이 관용이라는 것이 얼마나 모호한 개념인지 여러분은 아십니까? 저는 물론 관용을 지지합니다. 다양성을 포용하는 관용을 저는 환영합니다. 그러나 때로는 관용이 다른 의미를 띠기도 하는데 나와 다른 것을 받아들일 때 그렇습니다. 저는 개인적으로 담배를 피우지도 않고 담배회사를 좋아하지도 않지만 오늘날 금연 문화라는 것을 의심합니다. 여러분도 담배를 금해야 한다는 것에, 즉 금연에 대해 찬성하십니까? 많은 사람들이 알코올과 마약 때문에 목숨을 잃고 있습니다. 그런데 서구권에서 금연을 옹호하는 좌파들이 마약은 허용하라고 주장하는 경우가 있습니다.

그렇다면 이렇듯 금연에 대한 일률적이고 강력한 문화는 어떻게 형성된 것일까요? 서구권에서는 담뱃갑에 건강에 대한 경고문이 쓰여 있습니다. '담배는 여러분의 건강을 해칠 뿐만 아니라 여러분의 몸을 불능으로 만들 수 있다'는 메시지가 그것입니다. 또 폐와 장기가 손상될 수 있다는 내용의 경고문도 있습니다. 이 예시는 오늘날 금욕주의를 잘 보여주고 있습니다. 헤도니즘Hedonism, 즉 쾌락주의라는 것은 저에게 있어서는 '나는 내가 원하면 술도 마시고 담배도 피우고 섹스도 즐기겠다'는 의미입니다. 저는 사흘 전에 유럽에서 이곳으로 왔는데, 오면서 비행기 안에서 잡지에 난 기사를 하나 읽었습니다. 그 글은 섹스를 찬양하고 있었습니다. 체위를 어떻게 바꾸면 건강이 더 좋아질 수 있다는 얘기까지도 실려 있었습니다. 근육을 더 강화할 수 있기 때문에 이러한 체위가 좋다는 등등 섹스가 건강에 좋다는, 저로써는 굉장히 우울한 이야기들이 쓰여 있었습니다.

일상적 이데올로기를 예시로 오늘의 강연을 마칠까 합니다. 아, 그리고 보니 그 기사도 일상적 이데올로기를 예로 들면서 끝을 맺더군요. 오늘날의 이데올로기는 어느 정도 실험을 해야 한다는 이야기였던 것 같습니다. 예컨대 일부일처제적인 것이 아니라, '만나고 싶은 사람들과 만나라, 그러나 너무 푹 빠지지는 말아라'라는 이데올로기였던 것 같습니다. 여러분 혹시 007시리즈 중 〈퀀텀 오브 솔러스〉라는 영화, 보셨습니까? 이 영화는 기본적으로 좀 좌파적입니다. 제임스 본드가 볼리비아의 정권을 어떤 기업으로부터 살리는 이야기입니다. 그런데 이 영화는 제임스 본드 영화 중 유일하게 본드와 본드걸 간의 정사씬이 없습니다. 또, 댄 브라운의 끔찍한 소설과 영화를 보셨습니까? 〈다빈치 코드〉를 예로 들면, 로버트 랜덤이라는 주인공과 예수님의 증손녀 사이에도 정사씬은 없습니다. 예수님이 막달라 마리아와 결혼해서 자녀를 낳았다는 얘기인데, 섹스는 없습니다. 최근의 댄 브라운 소설과 영화를 보면, 소설에서는 정사씬이 나오지만 영화에서는 베드씬이 나오지 않습니다. 지나치게 다른 사람과 얽히는 것, 또 교류하는 것이 위험하다고 여기는 발상에서 비롯된 것이라고 생각합니다.

서유럽에는 최근 중매회사들이 등장하면서 중매결혼이 늘어나고 있습니다. 한국어로는 어떻게 표현할지 모르겠지만, 프랑스나 영어권에서는 '사랑하게 되다'라고 할 때 '사랑에 빠지다'fall in love 라는 표현을 합니다. 생각해보면 정말 아름답지 않습니까? 사랑에 '빠져버린다'는 것. 나도 '어쩔 수 없이' 그 사랑이라는 것에 '빠져버린다'는 거죠. 그런데 저 역시 알랭 바디우와 비슷한 것을 깨달았는데, 이제는 중매회사들이 '사랑에 빠지다'라는 문구를 점차적으로 '여러분이 사랑에 빠지지 않고도 결혼에 성공하게 해 주겠다'는 식으로 광고하는 것을 볼 수 있습니다. 다시 말해, 다른 사람과 깊고 복잡한 관계를 맺지 않고도 결혼에 도달할 수 있게 해주겠다는 말입니다. 이것은 정말 끔찍한 일입니다. 섹스라는 것이 더 이상 다른 사람과의 열정적인 교감이 아니게 된 것입니다.

타인과의 마스터베이션

형이상학Metaphysics은 일상생활에서 전혀 다른 문을 열어주는 무엇인가를 만나게 하는데, 때로는 그것이 하나의 대재앙일 수도 있습니다. 여러분은 물론 원나잇스탠드를 할 수도 있지만, 사랑에 빠지면 불행하게 될 것이라는 사고가 지배적인 것 같습니다. 사랑의 교감이라는 것이 이제는 어떤 진지한 것이 아니라 다른 사람과의 자위행위와 같다는 인식이 점차적으로 늘어나고 있습니다. 진지하고 진정한 만남, 열정이 사라지고 있습니다.

오늘날 우리의 산업들은 다양한 플라스틱 제품들을 출시하고 있는데, 스팸메일을 보더라도 그러한 플라스틱 성적 도구들을 광고하는 것을 흔히 볼 수 있습니다. '이 도구들이 어떻게 여성의 성기처럼 이용될 수 있다'는 등의 광고들이죠. 즉, 다른 상대가 없이 그것을 이용하면 혼자서도 즐길 수 있다는 것입니다. 20년 전에 호주에서 나왔던 이야기가 오늘날 현실화되고 있는 것 같은 느낌입니다. 이런 이야기죠. 오래전 유럽에는 개구리가 소녀와 뽀뽀를 해서 사람(왕자)이 된다는 동화가 있었습니다. 그런데 세월이 흐르고 나자 어떤 일이 벌어졌을까요? 왕자는 사람이 된 뒤 소파에 앉아 맥주를 마시면서 '내가 진정으로 원했던 것은 맥주다'라고 이야기하며 소녀를 만지자, 소녀는 왕자가 원하는 맥주병으로 변했다고 합니다.

인류의 기술 발전과 함께 탈섹스 사조가 나타나면서 다른 한편으로 성추행에 대해 집착하는 경향이 생겼습니다. 물론 저는 성추행에 대해 극도로 반대합니다. 그런데 미국의 경우 추행이라는 것에 사람들이 너무도 집착하다 보니 이성의 호감을 사려는 행동도 추행이라고 한다는 것입니다. 추행에 대한 공격은 계약적인 섹스로 이어집니다. 미리 계획을 짜고 합법적인 동의하에 서로의 쾌락을 위해서 서로의 육체를 사용하겠다는 식이죠.

저는 지금 오늘날의 자본주의에 관해서 계속 말씀드리고 있습니다. 즉, 지나친 성적 헌신이라고 하는 것도 위험할 수 있고 신념의 구조라는 것도 거의 대부분 자본주의와 관련된 것입니다. 실제로 믿지 않더라도 믿는 것처럼 행세하는 것 말입니다. 이와 같은 이데올로기가 소비와 생산, 교역 등 우리의 경제 핵심에 놓여있기도 합니다.

해결책보다는
문제의 발견을

시간이 많지 않은 관계로 간략하게 말씀드리겠습니다. 공산주의자가 되려면 공산주의 혁명에 가담해야 되고 공산당에 가입해야 된다? 그렇지 않습니다. 공산주의라는 것은 이런 뜻입니다. 특정한 교착상태에 근접해 있고, 과거의 전통에 의존해서는 해결책이 없다는 것을 인정하는 것입니다. 중국에서는 자본주의만으로는 충분치 않기 때문에 불교와 유교가 결합하는 것을 해결책으로 삼습니다. 유교를 해결책으로 제시하고 국가적으로 지지하고 있죠. 그런데 그것으로 자본주의의 문제를 해결할 수 있을까요?

역사적으로 볼 때 우리가 스스로를 얼마만큼 구제할 수 있을지에 대한 해답은 명확하지 않습니다. 우리에게 달려있습니다. 우리는 이미 굉장히 어려운 시기에 진입해 있고 종전의 방식으로는 대응하기가 쉽지 않습니다. 과거 공산주의자들은 이런 말을 즐겨 했습니다. "상황이 침울할지라도 터널 끝에는 항상 희망의 빛이 있다." 저는 동유럽 출신이라 항상 냉소적인 유머를 즐깁니다. 터널 끝에 빛이 있다고 누군가 저에게 말을 한다면 저는 "또 다른 기차가 다가오는 불빛 아니겠는가"라고 대답할 것입니다.

저 역시도 명확한 해결책을 갖고 있지는 않습니다. 공산주의라고 하는 것은 문제의 또 다른 이름입니다. 지구의 문제, 유전공학의 문제, 지적재산권에 관한 문제 등에 우리는 직면해 있고 이런 문제를 해결하기 위해서는 급진적인 사고가 필요합니다. 그래서 대학과 같은 곳에서의 역할이 굉장히 중요합니다. 기성세대는 여러분이 사고하는 것을 원하지 않습니다. 유럽이나 미국에서는 요즘 '상아탑이 과연 필요한가?', 혹은 '대학은 사람들의 필요를 충족시켜야 한다'는 등등의 움직임이 있습니다. 그렇지 않습니다. 이들은 대학에서 전문가를 양성하기를 원하는 것입니다. 전문가와 지식인은 다릅니다.

전문가와 지식인

전문가는 남들이 규정하는 문제를 해결하는 문제 해결 능력이 있는 사람을 말합니다. 예를 들어 파리에서 시위가 열렸다, 그러면 전문가를 불러서 어떻게 시위대를 진압할 것인지 등등을 상의하겠죠. 하지만 지식인이란 것은 전문가를 넘어선 것입니다. 단순히 남이 규정한 문제를 해결할 뿐만 아니라, 문제 자체에 대한 하나의 법칙을 규명하고 문제를 바라보는 시각을 정립하는 사람입니다. 그러므로 지식인들은 해결책을 제시하는 사람이 아니고 사람들로 하여금 문제를 제대로 인식하도록 하는 사람들입니다. 따라서 대학이 필요한 것입니다. 이런 큰 위기를 모면하고, 시스템에 많은 도전을 가함으로서 자유로운 사고를 창출해야 합니다. '이론 공부만 하는데 어떻게 시간과 돈을 투자할 수 있을까? 아프리카 아이들은 굶어 죽고 있는데……'라고 생각할 수도 있지만 이것은 어디까지나 하나의 조작입니다. 사고의 흐름을 막아서는 안 됩니다. 물론 현 상황은 절박하겠지만 바로 그런 상황이 현실이기 때문에 우리는 한걸음 물러서서 사고를 해야 합니다. 대학은 그 어느 때보다도 필요한 존재입니다. 감사합니다.(박수)

3부 청중과의 대화

Wednesday, June 27, 2012
경희대학교 평화의 전당

원하는 것과
욕망하는 것

Q. "공산주의가 승리하게 될 것이다"라는 말을 한 적이 있는데
요. 아직도 그러한 생각을 하는지, 오늘날 이 공간과 시간 속에서
믿고 있는 비밀이 또 하나 있다면 무엇인지 알려주시겠습니까?

'공산주의가 승리할 것'이라고 말한 것에 관해 자세하고 길게
이야기하지는 못하겠습니다만, 이것을 설명하기 위해서는 아무
래도 기적과 '파스칼의 내기 논증'•으로 들어가야 할 것 같습니
다. 파스칼은 이렇게 이야기했죠. "기적이라는 것은 존재한다. 그
런데 기적을 식별할 수 있는 사람들의 눈에만 그것이 보인다."
파스칼에게 있어 '기적이라는 것은 모든 사람이 볼 수 있는 것이
아니고 대다수의 사람들은 이것을 하나의 자연현상으로 치부해
버린다'고 합니다. 기적은 믿고자 하는 사람들에게만 신이 주시

• Pascal's Wager. '신을 믿는 것이 신을 믿지 않는 것보다 이득이다'로 유명한 파스칼의 변증론. 신
의 실존에 대한 증명으로 사용한 파스칼의 내기는 종종 '도박사의 논증'이라고도 한다. 파스칼의 내
기는 다음과 같은 구조를 이루고 있다.

	신이 있을 경우	신이 없을 경우
신을 믿을 경우	아무것도 잃지 않으며 모든 것을 얻는다	아무것도 잃지 않는다
신을 믿지 않을 경우	모든 것을 잃는다	아무것도 잃지 않는다
결론	신을 믿는 것이 신을 믿지 않는 것보다 이득이다	

는 것이라고 믿는 것이죠. 그래서 적극적으로 투쟁에 동참하는 사람만이 특정 사건들을 공산주의의 징후로 읽어낼 수 있다는 것입니다. 저는 타흐리르 광장이라든가 월가 점령 운동 같은 것들이 모두 공산주의의 가능성을 보여주는 징후들이라고 생각됩니다. 그렇다고 해서 공산주의가 실현되리라는 것을 보장할 수도, 확언할 수도 없습니다. 그것이 일어날 것이라는 어떤 필연적인 근간이 될 만한 것들이 없다는 측면에서 비밀이라고 할 수 있습니다.

하지만 공산주의가 일어날 수 있다고 믿는 것이 미신은 아니라고 생각합니다. 진실이라는 것은 중립적이고 객관적이지 않습니다. 여기에서 저는 마르크스적 입장을 피력하고 싶은데, 진실이라는 것은 보편적이지만 부분적이지는 않습니다. 만약 우리가 진실을 중립적으로 보려면 아무것도 볼 수가 없습니다. 사회적 관계 속에서의 진실이라는 것은 여러분이 관심을 가질 때에만 발견할 수 있는 것입니다. 어떠한 진실을 여러분이 믿고자 할 때 그 진실을 발견할 수 있는 것입니다. 예를 들어 '해방'이라는 진실은, 그 진실을 보고자 할 때에만 볼 수가 있는 것이죠.

또 다른 비밀을 하나 말씀드릴까요? 제가 지금 비밀에 관한 이야기를 여러분에게 하고 있다는 것이 하나의 역설이라는 것을 알고 있습니다. 비밀을 청중 앞에서 이야기하고 있으니까요. 오늘날의 대중문학 속에서도 이러한 역설을 볼 수가 있는데 유럽에서 특히 그렇죠. 가장 인기 있는 책들을 보면 공개적으로 비밀을 알려주는 책들입니다. 《다빈치 코드》라는 책이 아주 인기가 많았죠. 대중들의 인기를 끌기 위해서는 이처럼 비밀을 폭로하는 척을 해야 합니다.

'또 다른 비밀은 무엇이 있을 수 있는가'라는 두 번째 질문에 대한 답을 드리자면, 사람들은 아마 공산주의를 결코 원하지 않을 것입니다. 그럼에도 불구하고 공산주의는 도래할 것입니다. 어떤 새로운 김일성이 이끄는 체제에 의한 그런 공산주의가 온다는 것이 아닙니다. 공산주의는 어떤 공산주의 정권이나 세력이 강요해서 오는 것이 아닙니다. 공산주의가 도래하게 된다면 그것은 의도치 않은 어떤 결과물일 것입니다. 어쩌면 공산주의를 반대하는 사람들에 의해서 우연치 않게, 의도치 않게 도래할 수 있겠죠. 오늘날의 공산주의보다 더한 역설은 없을 것입니다.

중국 같은 경우는 공산주의자들이 세력을 잡고 있습니다. 그런데 오늘날의 공산주의자들은 자본주의를 지배할 수 있는 가장 훌륭한 자들이라고 생각합니다. 민주주의자들보다 더 뛰어난 자본가들이지요. 어쩌면 프랜시스 후쿠야마에게 보내는 공산주의의 대답이라고 할 수도 있겠습니다. 후쿠야마가 이야기했듯이 자본주의가 승리를 거뒀습니다. 그러나 과거 공산주의자들이야말로 오늘날의 자본주의 체제를 가장 잘 관리할 수 있는 사람들이라고 생각합니다. 이것은 매우 심각한 문제입니다. 오늘날의 자본주의는 더 이상 민주주의를 이상적인 정치적 포럼으로 생각하지 않습니다. 이와 같은 경향은 우리 모두를 우려스럽게 만들고 있습니다. 다시 말하면, 사람들은 공산주의를 원하지 않겠지만, 그렇다고 공산주의가 보복의 형태로 도래하게 될 것이라는 이야기도 아닙니다.

제가 이야기하는 바는, 라캉적인 입장, 라캉의 정신분석학적 입장에서 이해해야 합니다. 원하는 것want과 욕망하는 것desire을 구분해서 이해해야 합니다. 저는 이 두 가지를 엄격하게 구분합니다. 여러분도 라캉의 정신분석학적 입장을 견지한다면 이해할 것입니다. 저는 '사람들이 공산주의를 욕망하지 않는다'라고 말을 한 적은 없습니다. '사람들은 공산주의를 욕망하지만 원하지 않는다'라고 이야기했습니다. 우리는 무엇인가를 열망하지만 그것을 원하지 않는 경우도 있습니다. 이것이 정신분석학의 가장 기초인데요. 우리는 때로 무엇인가를 욕망한다고 생각합니다. 그런데 그것에 가까워졌을 때 '그것이 실제로 일어난다면 가장 끔찍한 상황이 벌어질 것이다, 차라리 그것을 얻지 않는 것이 낫다'고 생각하는 경우가 있습니다. 즉, 욕망하지만 원하지는 않는 것이죠.

커다란 비밀은 아니지만, 이번에는 즐거운 비밀을 말씀드리겠습니다. 공산주의는 도래하게 될 것입니다. 사람들이 원하지 않더라도 공산주의는 도래하게 될 것입니다. 그러나 그 모든 것은 어떤 공산주의냐에 따라 의미가 다를 것입니다. 저도 모릅니다. 제가 알고 있는 것은 이것이 모든 사람들의 문제라는 것이죠. 생태학이나 지적재산권이라든가 뇌과학 등을 보십시오. 이러한 것들이 자본주의를 망치고 있습니다. 자본주의는 예컨대 지적재산권을 제대로 다루지 못합니다. 자본주의의 이런 모든 문제들이 지금 사회를 어렵게 만들고 있습니다. 이것이 제가 드리고 싶은 말씀의 전부입니다.

여러분이 불편하게 생각하는 것이 무엇인지 알고 있습니다. 아주 간략하게 말씀드리겠습니다, 중요하니까요. 굉장히 뻔한 어리석은 질문이 있는데, 많은 논쟁에도 불구하고 공산주의라는 단어는 20세기에 어떤 특별한 의미를 가지고 있었습니다. 그럼에도 여전히 이 바보 같은 용어를 계속 사용하는 이유가 뭘까요? 새로운 이름을 붙일 수도 있을 텐데요. 말씀드렸지만 뻔한 질문입니다. 여기에 대한 이유를 네 가지 말씀드리겠습니다.

첫째로, 공산주의는 '공동'common의 문제를 건드린다는 점에서 우리가 계속 공산주의라고 지칭하는 것입니다. 세계 자본주의 속에서 잘 해결되지 않는 부분이지요. 두 번째로는, 공산주의라는 명칭은 쉽게 회복할 수 없는 명칭입니다. 예를 들어 자유라든가 사회주의 등과 같은 다른 용어를 사용하면 결국에는 지금의 지배적 이데올로기에 잠식돼버릴 수 있습니다. 세 번째, 공산주의라 부를 수 있는 것은 어느 곳에서나 있어 왔습니다. 예를 들어 가난한 농노의 반란이나 평등주의 등은 고대에서부터 있어 왔는데 이러한 전통에 입각해서 우리가 계속 공산주의라고 지칭하는 것일 수도 있습니다.

제가 냉소적일지도 모르지만, 우리는 정치적인 프로젝트, 즉 기획이 얼마나 끔찍한 결과를 가져올 수 있는지 잘 알고 있습니다. 10월 혁명을 예로 들어볼까요? 모든 위대한 것을 꿈꾸며 시작되었지만, 악몽으로 끝이 났지요. 또 스탈린주의, 북녘에 있는 여러분의 동포들, 이러한 모든 것이 어쩌면 파시즘보다도 더 끔찍한 것일 수도 있습니다. 그래서 새로운 급진적 운동을 원한다면 항상 그 위험을 알리는 이름을 붙여야 한다고 생각을 합니다. 만약 여러분이 불과 장난을 치는 것이라면 굉장히 큰 문제가 발생할 수도 있겠지요. 저는 지나치게 희망적이거나 믿음이 가지 않는 '공산주의'라는 용어가 좋습니다. 이 용어는 언제나 저에게 '이것이 정말 가능한 것인가? 의도치 않은 새로운 대재앙을 낳게 되지 않을까?' 하고 되물을 것입니다.

오래된
미래

Q. 이집트에서 혁명이 있었고 선거가 치러졌으며 파라과이에서
는 의회 쿠데타가 있었습니다. 제가 보기에 공산주의 프로젝트
는 사람에 관한 것인데요. 조금 전에 원하는 것과 욕망하는 것
이 다르다고 하셨는데, 과연 이런 상황에서 희망적인 미래가 있
다고 보시는지요?

저는 낙관론자가 아닙니다. 기존 마르크스주의에는 존재론적
인 보장이 없다고 생각합니다. 역사가 자본주의에서 공산주의로
우리를 이행시킬 것이라는 설명은 맞지 않습니다. 역사가 자발적
으로 그대로 내버려진다면 재난을 향해 가게 될 것입니다. 제가
말씀드리고자 하는 것은 도처에서 벌어지고 있는 기적입니다.

이집트를 보십시오. 말씀하신 그런 일들이 일어나는 것은 맞습
니다. 그렇지만 1년 전만 해도 이와 같은 일들이 벌어질 것이라고
는 누구도 예상하지 못했습니다. 아랍 국가들을 이끌려면 민족
주의나 반유대주의, 어떤 종교적인 근본주의로만 가능하다고 생
각했었습니다. 그런데 반유대적인 측면은 조금도 없는 굉장히 세
속적이고 민주주의를 지향하는 시위가 일어났던 것입니다. 무엇
인가 폭발한 것이지요. 군사적인 쿠데타가 있었을지는 모르겠습
니다만 결과는 제로가 아닙니다. 이집트에 있는 친구들이 "시민

사회의 각성을 과소평가해서는 안 된다"라고 하더군요. 오늘날 이집트의 시민사회는 복잡한 양상을 띠고 있습니다. 노조, 여성, 지식인, 학생 등이 깨어나고 있습니다. 이들을 조종했던 사람들조차도 이들의 언어를 인정할 수밖에 없습니다. 이집트 역사상 최초의 자유투표로 당선된 무슬림형제단 출신의 신임 대통령 무르시도 이들의 언어를 구사해야 합니다. 그는 "우리는 타자를 인정할 것이고, 이슬람 중심의 국가가 되지 않을 것"이라는 말을 했지만, 최소한 군과 무르시의 무슬림형제단 간에 하나의 분투가 있을 때에만 희망으로 볼 수 있습니다.

유럽도 마찬가지입니다. 그리스에서는 거의 기적이 일어날 뻔했습니다. 급진적인 시리자라는 좌파 정당의 평균 지지율은 2~3퍼센트밖에 되지 않았는데 굉장히 강력한 당으로 부상했습니다. 유럽은 패닉 상태가 되었지요. 슬픈 일이지만, 이 당이 패한 것이 어떻게 보면 오히려 다행이라고도 할 수 있겠습니다. 시리자는 굉장히 정직하고 현실적인 당이었습니다. 몽상가들이 아니었어요. 브뤼셀에 외교관으로 있는 제 지인의 말에 따르면, 시리자가 승리할 경우에 대비해 유럽연합에서는 엄청난 제재를 가할 준비를 하고 있었다는군요. 그리스를 경제적으로 고립시켜서 망하는 것을 지켜보자는 것이었다고 합니다. 시리자가 승리하면 유럽의 기성세대는 '하나의 모범적인 실패'라고 불렀을 것입니다.

또 하나의 아이러니는, 시리자를 가장 반대한 것이 공산당이라는 사실입니다. 8~10퍼센트의 지지율을 가지고 있고, 스탈린주의를 여전히 표방하고 있으며, 스탈린의 책을 정기적으로 출간하고 있는 당입니다. 이들에게 적은 흐루시초프입니다. 고르바

초프도 아닙니다. 아이러니는 이들이 의회에서 자유민주주의 정당 편에 선다는 것입니다. 그러니, 저에게는 큰 희망이 보이지 않습니다. 무질서와 위기가 많이 보입니다. 어쩌면 이런 것들을 통해서 사람들이 새로운 것을 추구할 수도 있고 악화될 수도 있을 것입니다.

어쨌든 지금까지 갖고 있는 것, 비교적 자유롭고 번영하는 자본주의나 민주주의라는 것은 지속된다면 그렇게 나쁘지는 않지만, 더는 무한정 지속될 수는 없다는 것이 저의 순진한 믿음입니다. 지금 유럽에서는 인종주의적인 방식으로 '아시아적 자본주의'라는 표현을 사용하면서 '권위주의적인 자본주의하에 새로운 벽이 건립되었다'라고 합니다. 오늘의 자본주의에는 아무런 존재론적인 보장도 없으며, 역사도 우리의 편에 서 있지 않습니다. 따라서 아주 밝은 희망을 예견하기는 어렵고 '우리가 행동을 취하지 않으면 아주 어두운 미래가 기다리고 있다'고만 말씀드릴 수 있겠습니다.

스타벅스 철학자란
비판에 대하여

Q. 오늘 여기에 이렇게 많은 사람들이 모인 것을 보니 교수님의 인기가 참으로 많다는 게 실감 납니다. 그런데 저는 한 가지 걱정을 하게 되었습니다. 물론 교수님의 얘기가 굉장히 급진적이고 반자본주의적인 것들에 대한 새로운 이야기들을 하고 있기 때문에 사람들이 열광하고 있는 것이라 생각하지만, 한편으로는 마치 사람들이 스타벅스 커피를 마시면서 아프리카 아이들을 돕는다고 생각하는 것처럼, 자본주의 사회에서 열심히 살고 있지만 그래도 나는 지젝의 얘기를 알고 있고 그만큼 자본주의를 반대하는 얘기들을 알고 있다는 것에 마음의 위안을 얻는 식으로 교수님의 이야기들이 소비되고 있을 수도 있다고 생각합니다. 혹시 교수님의 인기나 이론들이 이런 식으로 소비될 수도 있다는 것에 대해서 어떻게 생각하시는지요?

아주 좋은 비판적인 질문입니다. 저는 이와 같은 위험에 대해서 잘 인식하고 있습니다. 최근에도 며칠 전에 〈뉴욕리뷰오브북스〉에서 존 그레이John Gray가 그랬듯이, 바로 그런 식으로 사람들은 저에 대해 비난합니다. 그렇지만 그러한 비난은 나는 동의하지 않는다는 의견, 즉 자본주의는 자신이 만든 게임의 규칙 안으로 모든 것을 끌어당긴다는 것을 전제로 하고 있습니다. 무엇을 말하든, 이미 그 게임 안의 규칙에 따르고 있다는 것이지요. 저는 이 문제의 심각성을 충분히 인지하고 있으며, 제 이데올로기의 가장 기본적인 전제라고 할 수 있습니다.

제가 이 문제를 처음 인지했을 때를 말씀드려볼까요? 공산당원이었던 젊은 시절에 우리들은 정치인들에 관한 농담을 즐기곤 했습니다. 알아차리는 데 시간이 좀 걸리긴 했지만, 슬로베니아의 공산주의 정권에서는 그와 같은 농담을 허용했습니다. 심지어는 농담을 만들어서 퍼트리고는 했습니다. 그런 농담을 허용해야 사람들이 일상적인 삶의 고통을 보다 잘 견뎌낼 수 있다는 것을 알고 있었던 것이죠.

철학자인 사이먼 크리칠리Simon Critchley와도 각을 세우게 된 경우가 있었는데, 〈저항은 항복하는 것이다〉라는 제목의 토론에서 저는 소규모 급진적 좌파 그룹들의 저항은 어떤 면에서는 시스템에 진정한 상처를 주지 못할 뿐만 아니라 심지어 그 시스템의 기능을 정당화시킬 수 있다고 이야기했습니다. 마치 미국에 마약 판매상들이 있는데, 경찰들은 그들과 싸우기도 하지만 동시에 자신들의 존재를 증명해 보이기 위해서 그들이 필요하기도 한 것처럼요.

제가 바라는 것은 다음과 같습니다. 비록 그것이 사실일지라도, 그리고 설령 여러분이 저를 이용하고 있다고 할지라도, 다시 말해서 스타벅스 커피처럼 제가 이용되고 있다 할지라도, 저를 통해서 '이런! 내가 급진적인 사고를 하고 있다니!'라고 위안을 얻는다 할지라도 저는 괜찮습니다.

때로 사람들은 이데올로기를 굉장히 인위적인 것이라 생각하고 지배층의 전유물로 복무한다고 보는 경우가 있습니다. 그러나 오히려 정확히 그 반대의 상황도 펼쳐집니다. 저는 그 부분이 굉장히 흥미로운데요. 사회의 지배층이 시작한 것이지만, 피지배층이 그것을 완전히 전유하는 경우가 있습니다. 16세기에 스페인의 식민지였던 멕시코에서는 피지배층이 오히려 가톨릭을 이용하는 경우가 있었습니다. 정복군과 함께 입성했던 가톨릭은 식민지 통치를 위한 이데올로기로 쓰였지만, 나중엔 지배받는 사람들의 고통을 완화시켜주는 종교 역할을 하게 되었습니다. 멕시코의 성당에는 검은 머리에 갈색 피부인 과달루페라고 불리는 '검은 성모'가 있습니다. 멕시코의 한 농촌에서 인디오 청년 앞에 나타나 '이 땅에 나의 교회를 세우라'고 계시했다는 과달루페가 등장한 순간, 가톨릭은 단순히 이데올로기가 아니라 피지배층의 고통과 수난을 위로하는 담론의 장이 되어주었습니다.

제가 말할 수 있는 것은, 저에게도 이런 일이 일어난다는 게 정말 흥미롭다는 것입니다. 현재 그리스에서 저의 이름은 단순히 농담을 던지는 미친 철학자가 아니라 오히려 시리자와 연계되어 진짜 현실적인 운동을 전개하는 사람으로 알려져 있습니다. 지금 정권을 잡고 있는 사람들도 제게 그런 식의 대응을 하고 있습니다. 선거 일주일 전에 지금의 여당은 공식적으로, 제가 시리자의 대표의 비밀스런 멘토가 되어 잔인한 경찰국가를 설립하도록 지시를 내리고 있다고 공격했습니다. 이들에게 저는 실질적인 위협이 되고 있는 거죠.

이러한 차원에서 생각한다면 저는 단순한 스타벅스 철학자가 아닙니다. 그런 점에서 희망이 있다고 볼 수 있습니다. 그리고 이런 현상은 저뿐만 아니라 랑시에르Jacques Ranciere, 바디우Alain Badiou, 하트Michael Hardt, 네그리Antonio Negri 모두에게 해당된다고 생각합니다. 사람들은 미국의 다중Multitude을 좋아합니다. 이 다중 가운데는 부유하고 성공했을지라도 급진적이고 전복적일 수 있기 때문입니다. 그런데 이들은 어떤 전복적인 사고나 실천을 할지라도 이것을 사람들이 제대로 인지하지 못하는 경우가 있다고 이야기합니다. 다른 말로 하자면 그것은, 학자들이나 학생들이 원하는 것은 어쩌면 전복적인 행위를 하더라도 자신이 서 있는 위치를 위협하지 않는 선일 수도 있기 때문에 생기는 것입니다. 즉, 자신의 커리어에 위협이 되지 않는 최소한의 선에서 전복적인 행위를 할 것을 요구할 수 있다는 말입니다. 저를 어떻게 받아들이느냐는 그러므로 여러분의 몫입니다.

제가 여기 와 있는 자체가 기적이라는 점에서 저는 여러분에게 감사드립니다. 저는 미국 등 다른 나라에서도 매우 인기가 있습니다. 그렇지만 이와 같은 인기가 사실은 굉장히 논쟁이 되기도 하죠. 게다가 이 인기가 학문적인 영향력으로는 이어지지 않고 있습니다. 제 친구들이 여러 곳에서 강의를 하고 있지만, 그 어떤 학과도 우리의 영향력 아래 있지는 않습니다. 지인인 《젠더 트러블》의 저자 주디스 버틀러Judith Butler와 같은 경우는 급진주의자라고 하지만 제도권 내에서 엄청난 파급력을 가진 학자입니다. 그의 추천서 한 통이면 직업을 얻을 수 있지요. 제 경우에는, 친구 중 한 명이 학술기관에 추천서를 써달라고 해서 3개월 전에 써줬는데 "당신 추천서 때문에 안 되었어!"라고 하더군요. 거의 될 뻔했는데 "지젝의 추천서가 있다니, 그 사람 안 되겠어!"라고 했다는 것입니다.(웃음) 스타벅스 개념과는 들어맞지 않는 굉장히 파괴적인 공격이 저에게 가해지기도 합니다. 말씀하신 부분에 동의하지만, 어쨌거나 이런 부분은 '영웅적으로' 감내해야 하는 리스크일 것입니다.(웃음) 저는 이런저런 농담을 즐기는 사람입니다. 그렇지만, 학문적으로 고립되어 혼자 그저 생각만 하느니 인기나 부를 우선순위 밑에 두는 게 더 낫지 않을까 싶기도 합니다.(웃음)

임박한 파국

4부 일하는 사람들의 공동선을 위한 소명

Possibility of Common Good

Thursday, June 28, 2012

건국대학교 새천년기념관

신이 있다면
모든 것이 허용된다

이 자리에 서게 된 것을 영광으로 생각하며 여기 계신 여러분 모두에게 감사드립니다. 저기 마지막 자리에 앉은 저분(토론회 패널로 참석한 진중권을 가리키며)은 경험상, 마치 지금 제가 공산당 회의에서 중앙위원으로 보고서를 올리고 있는데 저분이 김정일이 되어 제가 수정주의자인지 아닌지 마지막 판단을 내릴 것 같군요.(웃음) 초조함 속에서 저분의 말씀을 기다리게 될 것 같습니다.(웃음)

제가 오늘 하려는 것은 우선 여러분을 바보 취급하지 않는 것입니다. 그래서 저는 제 책에 있는 내용들이 아니라 다른 두 가지 문제에 초점을 맞추려 합니다. 우리 모두가 잘 알고 있는 오늘날 공동선의 문제인 생태학과 관련된 윤리적, 도덕적 문제입니다. 이 문제들을 어떻게 고민해야 하는지에 대해 지적하려 합니다.

보수주의자들이 요즘 윤리적 위기에 대한 대답으로 흔히 인용하는 유명한 언명으로 시작하겠습니다. 다들 잘 아시는 작가, 도스토예프스키의 말입니다. 실제로 그가 한 말은 아니지만 일반적으로 그의 말로 통용되고 있죠. '만약 신이 없다면, 신이 존재하지 않는다면, 모든 것은 허용된다'는 것이 그것입니다. 이것은 일종의 고차원적인, 탁월한, 종교적인 권위가 우리 인간에게 필요하다는 사고방식을 뒷받침하는 언명입니다. 그런 권위가 없으면 우리는 심각한 착취와 타인에 대한 잔인성 속에서 스스로를 잃어버리고 만다는 것입니다.

이에 대해 저의 정신분석학 스승이자 진정한 천재적 통찰을 보여준 자크 라캉은 '그렇지 않다'고 말합니다. 정신분석의 경험들은 정반대의 주장을 하고 있으며 제가 보기엔 그것이 맞습니다. '만약 신이 존재하지 않는다면 모든 것은 금지된다'는 것이 그 언명이지요. 그렇다면 라캉은 이 언명을 통해 무엇을 이야기하려는 걸까요? 제 개인적인 경험을 통해 설명할 수 있을 것 같습니다.

철저한 규제 속에 갇힌 열린 쾌락주의

한국 사회와 얼마나 관련될지는 모르겠지만, 미국에서도 가장 비종교적이고 자유롭고 쾌락을 중시하는 한 지역에서 있었던 경험입니다. 뉴욕의 첼시나 샌프란시스코의 게이 지역 같은 곳은 성적인 활동이 활발하고 청장년층들이 자신들의 삶을 오로지 쾌락에 바치는 것으로 유명합니다. 그런데 제가 그곳들을 방문하고 갖게 된 놀라움은, 실은 그들의 삶의 방식이 그 어디보다도 철저하게 통제되어 있다는 사실이었습니다. 이 역설은—이런 용어를 한국에서도 쓰는지 모르겠지만—소위 '정치적 올바름'Politcally correct이라고 말할 수 있을 것입니다. 삶의 목표는 쾌락인데도 그것을 제대로 하기 위해서는 특정한 식생활을 해야 하고 주변 사람들과 어우러져야 하며 그들을 충분히 배려해야 하고 타인을 성적으로 괴롭히지 않는 등 지켜야 할 일들이 아주 많습니다. 그래서 모든 것이 금지된 이 우주에서 쾌락주의의 최종적 결론은-내 책들에도 인용된 것이지만-'무엇이든 원하는 것을 즐겨라, 그러나 제대로 된 쾌락주의자가 되기 위해서는 커피는 마셔도 카페인 없이, 술은 마셔도 알코올 없이, 케이크는 먹어도 설탕 없이 먹어야 한다'는 식의 정제된 형태여야 한다는 점입니다. '섹스는 해라, 하지만 성적 괴롭힘은 안 되고, 상호 동의가 있어야 하며, 건강한 섹스를 해야 한다' 등등. 그래서 결국 이 역설은 열린 쾌락주의를 철저한 규제 속에 있도록 만듭니다.

개방된 서구 사회를 미워하는 이유

저의 첫 번째 교훈은 이것입니다. 아마 기억하시겠지만, 15년 전쯤에 지금은 갈라진 내 모국 유고슬라비아에서는 참혹한 내전이 있었습니다. 그 전쟁에서 결백한 사람은 아무도 없지만, 가장 잔인한 경우는 보스니아에서 인종 청소를 하던 부대였습니다. 그 시절에 저는 세르비아의 수도인 베오그라드를 방문했었죠. 그리고 우연히 한 레스토랑에서 그들과 마주쳤는데, 저는 그들을 통해 놀라운 교훈을 얻게 되었지요.

그들이 신과 국가를 절대시하는 인종적 근본주의자가 된 이유는 사회주의자들이 말하는 피상적인 이유 때문이 아니었습니다. 이들에 대한 이론 중에서 요즘 가장 인기가 많은 이론은, 오늘날 이 복잡한 시대 속에서 사람들이 명료한 방향성을 상실했기 때문이라는 것입니다. 지속적으로 변하는 사회상 속에 있기 때문에 길을 잃고, 따라서 오래된 가치들의 권위를 그리워한다는 것이죠. 하지만 그들은 정반대라고 말했습니다. 그들이 서구의 개방된 사회를 미워하는 이유는 너무 많은 자유를 주기 때문이 아니라, 오히려 규제가 너무 많기 때문이라는 것입니다. 그들 중 한 사람이 말하더군요. "욕을 할 수도 없고, 공공장소에서 담배를 피울 수도 없고, 아내를 때릴 수도 없고, 적을 죽일 수도 없지 않소? 그게 무슨 자유란 말이오? 하지만 인종적 근본주의자가 되면 보스니아에 가서 강간도 하고, 약탈할 수도 있지 않소?"

위대한 프랑크푸르트학파의 맑시스트 철학자인 테오도어 아도르노Theodor Wiesengrund Adorno는 이미 이런 사실을 알고 있었습니다. 파시즘에 대해 집필하면서 그는 파시즘이 단지 규율의 억압만이 아니라 사람을 이끄는 잘못된 자유의 측면이 있다는 사실을 적시했지요. 마치, '나를 따르라! 그러면 살인, 고문 등 당신이 원하는 것은 뭐든 할 수 있다'는 식이지요. 제 생각엔 라캉이 옳습니다. '만약 신이 없다면 모든 것이 금지된다'는 말을 넘어 심지어 '신이 있다면 모든 것이 허용된다'는 것이 진실입니다.

권위가 은근히 외면해줄 때

저는 진정한 종교적 체험에 대해서도 인지하고 있습니다. 하지만 이른바 종교적 근본주의의 핵심에는 '만약 내가 신을 대신해서 행동한다고 믿는다면, 신의 의지를 충족하고 실현시키는 것이라면 무엇이든 할 수 있다'는 생각이 깔려 있습니다. 폭탄을 터

뜨릴 수도 있고, 뭐든지요. 보다 정치적인 예를 든다면-이것이 바로 스탈린주의가 종교적 구조를 가지는 이유인데-스탈린주의 자들은 자신들이 역사의 법칙을 알고 역사의 도구로 쓰이고 있다고 주장합니다. 그래서 스스로를 정당화하고 수백만 명을 죽이는 일이 가능한 거죠. 그러한 행위를 하는 것은 그들 자신이 아닌 성스러운 법이나 의지이고 자신들은 단지 도구일 뿐이라는 것입니다. 이 역설이 바로 사람들이 현대의 수용성을 난처해하는 이유지요. 이 말이 제대로 번역이 될지 모르겠지만, 자크 라캉이 세련되게 묘사했듯이, '우리가 가장 격렬한 쾌감을 느끼는 때는 권위가 은근히 외면해줄 때'입니다. 예를 들어, 아버지가 어떤 일을 금지하는 데 우리가 그 규율을 어기는 순간 아버지가 친절하게도 외면해주는 거지요. 그리고 우리는 대부분의 금기들이 실은 깨지기 위해 존재한다는 것을 알고 있습니다.

이제 문제는, 쾌락을 금지하던 규제자가 더 이상 존재하지 않거나, 심지어 현대의 우리가 경험하듯 그가 쾌락의 추구를 직접 명령하기까지 한다면, 그때 우리의 쾌락에는 어떤 일이 발생하느냐는 것입니다. 사회가 우리에게 요구하는 것은 더 이상 높은 목표를 위한 희생이 아니라 달라이 라마식의 '깨달음의 쾌락주의'입니다. '스스로에게 정직하라, 자신의 가능성을 깨달아라, 자기 자신을 실험하라' 등등. 내게는 끔찍한 것들입니다. 일탈하지 않는 사람들이 무기력하다고 느끼는 것은 전혀 이상할 것 없는 일입니다.

언어는
존재의 고문실

이 역설에서 한 걸음 더 나아가 볼까요. 그러면 우리는 신이 존재함으로써 모든 것이 허용되는, 성스러운 수용성이라고 할 구조를 얻게 됩니다. 원하는 것은 뭐든 할 수 있지요. 다만 한 가지 문제가 있습니다. 우리 대부분에게는 최소한의 품위라는 것이 있습니다. 만약 누가 내게 칼을 꺼내 '당신의 눈을 도려내'고 한다고 생각해 봅시다. 보통 사람들이 어떻게 그런 일을 할 수 있겠습니까? 모두들 좋아하지 않겠지만 신화나 시, 종교 등이 그 답이라고 봅니다. 기초적인 품위를 무시하는 행위를 지속시키려면 이를 가능케 하는 고차원적인 동인을 제공해야 합니다.

여러분은 아마 보스니아 내전의 지도자인 라도반 카라지치Radovan Karadži가 체포되어 헤이그의 국제형사재판소로 보내진 뉴스를 봤을 겁니다. 카라지치가 시인이었던 것은 우연이 아니라고 저는 생각합니다. 충격적이겠지만, 저는 시가 없었다면 인종 청소나 대량 학살도 없었을 것이라고 생각합니다. 형이상학적이고 열정적이며 강력한, 고차원적이고 깊은 시적 비전이 사람에게 기본적인 윤리적 고려마저 중지하도록 만드는 것이지요. 이것을 세련되게 적용한 사람이 히틀러 정권의 친위대 총사령관이었던 하인리히 히믈러Heinrich Himmler입니다. 그는 "어떤 바보도 우리 조국을 위해 훌륭한 일을 할 수 있고 목숨을 바칠 수 있다.

하지만 진정으로 위대한 독일인만이 조국을 위해 끔찍한 일을 수행할 수 있다. 그는 진정으로 조국을 믿어야 하기 때문이다"라고 말했습니다. 여기서 제가 말하고자 하는 것은, 종교나 국가적 집회를 충분한 시적 황홀경으로 몰아넣어 사람들에게 제시해야 그들로 하여금 기본적인 품위마저 무시하도록 만들 수 있다는 것입니다. 이것은 시에 대한 비난일까요? 아닙니다. 아주 명확하게 말하죠. 모든 시가 그런 것은 아닙니다. 다만 이 지점에서 무척 암담해질 수 있습니다. 왜냐하면 많은 위대한 시인들이 그런 역할을 했기 때문입니다. 이것은 받아들이기 어려운 부분일 텐데, 한국에서는 어떤지 모르겠지만 유럽에서 토마스 엘리엇Thomas Stearns Eliot이나 에즈라 파운드Ezra Pound, 윌리엄 예이츠William Butler Yeats 등은 정말 위대한 시인들로 추앙받았습니다. 그러나 그들은 직접적인 파시스트는 아니었더라도 아주 유사했지요. 엘리엇은 단지 보수주의자였지만, 예이츠는 죽기 직전에 히틀러를 지원하러 독일에 갈 계획을 세웠었습니다. 그럼에도 불구하고 저는 그들의 시 자체를 그렇게 폄하하진 않습니다.

새로운 언어 게임

이 테제도 다소 도발적이겠지만 저는 시 속에서 굉장한 긴장을 봅니다. 제가 '자기투영적 시의 기능'이라고 부르는, 위대한 국가 집회 따위에 복무하는 시와 진정한 시들 사이의 긴장입니다. 진정한 시들이란 그런 집회를 은밀히 약화시키는 시들입니다. 어떻게? 이건 좀 더 강한 도발이 되겠군요. 고문입니다. 사람에 대한 고문이 아니라 언어에 대한 고문. 여기서 내가 좋아하지 않는 오스트리아의 작가 엘프리데 엘리네크Elfriede Jelinek의 훌륭한 언명을 인용하고자 합니다. 그의 작품은 지나치게 선정적이고 지루하긴 하지만 몇 해 전 노벨문학상을 받은 후 이런 멋진 말을 남겼습니다. "언어는 본질적으로 거짓말이다. 우리는 언어를 고문해야 진실을 말하게 할 수 있다." 저는 이 말이 진실이라고 봅니다. 이런 관점에서 접근한다면 시야말로 언어 고문의 위대한 예술이라고 할 수 있지요. 운율 등을 집어넣기 위해 시가 보통의 언어에 하는 짓을 생각해 보세요. 단어의 순서를 바꾸고 자르고 짜내야 하지요. 이것은 끔찍하도록 잔인한 분해 작업입니다. 여러분은 언어를 고문하는 것으로 시작해 결국 사람을 고문하게 될 것이라고 말할지도 모릅니다. 저는 그 반대라고 주장합니다. 언어를 고문하느냐, 사람을 고문하느냐는 근본적인 선택의 문제입니다. 왜냐하면 내게 언어는 근본적으로 깊은 진실의 매개체가 아니기 때문입니다. 언어는 자연적으로 이데올로기적이지요. 모든 일반적인 편견과 한계가 언어에 수록되어 있습니다. 물론 모든 언어는 자체의 지혜를 갖고 있지요. 하지만 저는 이 지혜가 불결하고 기회주의적이고 순응주의적인 것이며 인종적 폭력을 가하듯 언어를 대하게 된다고 생각합니다.

이것은 예술도 마찬가지입니다. 영화를 생각해 보세요. 러시아의 위대한 감독 세르게이 에이젠슈타인Sergei Eisenstein과 그가 〈전함 포템킨〉에서 만들어낸 몽타주 이론. 여러분은 몽타주의 흡인력을 아실 겁니다. 그렇다면 그가 극도의 폭력과 고문의 언

어를 사용한다는 것 역시 인지하고 있습니까? 그는 장면을 자르고 재조립합니다. 몸체를 끌어와 조각조각 자른 뒤 몽타주를 통해 프랑켄슈타인과 같은 무시무시한 괴물을 만듭니다. 물론 여러분 중에는 '이건 폭력적이고 혁명적인 영화의 경우니까!'라고 말하는 분들이 계실지도 모르겠습니다.

그렇다면 역시 소련 출신 감독 안드레이 타르코프스키Andrei Tarkovsky 영화처럼 보다 영적인 영화는 어떨까요? 그는 반대의

작업을 합니다. 카메라는 수동적이고, 그 순간의 진실을 드러낼 시간을 줍니다. 하지만 내게 이것은 반대 방향의 고문입니다. 타르코프스키는 지나치게 늘어지도록 잡아끌지요. 이것도 현실에 대한 잘못된 사유입니다. 그래서 내게 에이젠슈타인과 타르코프스키 간의 이론적인 논쟁은 두 고문 사이의 논쟁입니다. 한 사람은 몸을 잔인하게 잘라야 한다고 하고, 다른 사람은 아니라고 합니다. 사람을 붙들어 매고 몸을 늘여 끊어내는 고문 기계가 한국에 있는지 모르겠지만, 그것이 에이젠슈타인의 방식과 상반된 타르코프스키의 고문법입니다.

이 부분에서 진지하게 말씀드리자면, 라캉주의 정신분석의 근본적인 통찰은 다음과 같습니다. 하이데거를 인용한다면-좀 더 복잡하긴 하지만-그는 첫 번째 경우의 위대한 대변자라고 봅니다. 하이데거는 언어를 '존재의 집'이라고 했지요. 언어 속의 지혜나 통찰을 듣기 위한. 저는 여기에 덧붙여서 언어는 '존재의 고문실'이라 하고 싶습니다. 이것이 정신분석의 주안점입니다. 정신분석의 개념 중 하나인 상징적 거세이지요. 이것이 본질적인 것입니다. 우리 인간이라는 동물들이 언어라는 집에 살고 있을 때 우리는 결코 편안하지 않습니다. 언어는 우리를 게걸스레 먹어치우는 무서운 괴물입니다. 이것의 결과는 역사적 상대주의가 아닙니다. 우리는 진실을 말할 수 없고 모든 것은 언어의 게임에 불과하다는 따위. 아니죠. 지금의 논제는 아주 명료합니다. 우리에게 유일한 방법은 언어 속에서 생각하거나 말하되, 언어에 반하는 관점으로 언어를 고문함으로써 반격하는 것입니다. 위대한 철학이나 시는 이것을 정확히 하고 있습니다. 자기 자신의 고유한 언어를 사용하여 시나 철학을 통해 언어 스스로에 반대하고 진실을 말하도록 하는 새로운 언어 게임을 창조하고 있는 것입니다.

이 짧은 강연 전반부의 결론은 물론 염세적인 것입니다. 무엇을 할 수 있을까요? 상황은 난처하고 우리는 거짓 속에 던져졌으며 진실을 향해 고통스러운 항전을 해야 합니다. 그리고 또 저는 동양적이든 서양적이든 우리 자신을 깊이 들여다보라는 부류의 영적인 시각에 동의하지 않습니다. '자연스러운 진실이 네 안에 있다?' 아니, 그렇지 않습니다. 저는 상대주의자가 아니며 객관적인 진실이 있다고 생각합니다. 진실은 고통스럽습니다. 우리는 진실에 도달하기 위해 매우 고통스러운 과정을 거치며 싸워야 합니다.

상황은 파국적인데 심각하지 않다

두 번째 예를 들어보겠습니다. 생태학을 다루는 방식으로 이 이상 확연한 것은 없습니다. 제 책 일부에서 사용했던 짧고 훌륭한 이야기 하나를 언급할까 합니다. 아마 지어낸 이야기겠지만 아름다운 이야기입니다. 1916년경, 1차 대전 당시 독일과 오스트리아가 함께 싸울 때, 전선의 상황이 어려워졌습니다. 베를린의 독일 사령부에서 빈으로 전보가 보내졌습니다. '우리 쪽 전선은 상황이 심각하지만 파국적이지는 않다.' 오스트리아가 답신을 보냈는데 그 내용인즉 '우리 쪽 전선의 상황은 파국적이지만 심각하지는 않다'는 것이었습니다. 이것이 우리가 생태학과 관계하는 방식입니다. 오스트리아 방식 말이죠. '상황은 파국적인데 심각하지는 않다'라는. 우리는 매일같이 이런 역설에 직면하고 있습니다. 모든 언론이 지구온난화와 관련된 이런저런 문제를 이야기하고 있고, 우리는 현재 벌어지고 있는 재앙이나 새로 올 재앙을 인식하고 있지요. 하지만 왠지 우리는 실제로 행동에 옮길 만큼 이 문제를 심각하게 여기고 있지는 않습니다. 정신 분석학에서는 이러한 태도를 '물신적 분열'Fetishist Split이라고 부릅니다. '저는 잘 알고 있어요, 하지만…….(정말 그걸 믿지는 않습니다)' 이러한 분열은 우리가 보고 아는 바를 거부하도록 만드는 이데올로기의 실체적 힘을 증명하는 것입니다. 한편으로 이런 태도도 있습니다. '나는 이 가능성을 받아들일 수 없어요, 설사 효과가 없을지라도 나는 무언가를 하고 싶어요…….' 여하튼 뭔가를 함으로써 기분이 좋아지기 때문이지요. 경희대 강연에서도 말씀드린 것처럼, 이것은 일종의 미신인 것입니다. '나는 신문지나 콜라 캔을 잘 재활용하고 있을까?' 이런 것들은 그저 쉬운 탈출구일 뿐입니다. 이 방법으로는 마음은 편해지지만 본질적인 문제를 직시하지 않게 되지요.

자연의
종말

제가 제시하고 싶은 또 하나의 논제는, 이른바 근본(심층)생태주의자Deep Ecologist들이 주장하는 생태학적 난관의 이유가 우리가 어머니 지구와의 소통을 상실했기 때문이라는 것입니다. 더 이상 우리 주변의 생명체들과 연계를 느끼지 않고 점점 더 멀어져가고 있으며 자연을 그저 변용하고 수탈할 대상으로만 본다는 것입니다. 그래서 자연환경에서 우리의 위치를 다시 느끼기 위해서는 다시 자연과 연결되어야 한다는 것이죠. 저는 이 생각에 회의적이고, 실은 정반대라고 봅니다. 우리가 이 생태학적 재앙을 진지하게 받아들이지 못하는 이유는 아직 자연과 매우 밀접하게 연결되어 있기 때문입니다. 여러분은 지금 생태계의 문제에 대해 들으러 이 강연회에 와 있습니다. 하지만 이곳을 나가면 어떻습니까? 태양을 보고 새를 보면서 '재앙이라니! 얼마나 바보 같은 생각인가? 난 살아있고 이 모든 자연의 일부인데!' 이런 생각을 하죠.

우리가 생태계 문제를 심각하게 받아들이려면 훨씬 급진적으로 행동해야 합니다. 대지의 여신 가이아Gaia, 어머니 지구, 유기적 자연으로 돌아가는 것이 아니라 자연의 총체적인 탈자연화를 수행해야 합니다. 진정 급진적인 생태학의 시작은 자연이 존재하지 않는다는 것을 인정하는 것입니다. 잠깐만요, 저는 미친

주관론자가 아닙니다. 이것은 자연이 상상 속에 있다는 식의 주장이 아닙니다. 다만 안정되고 조화로우며 질서 있는 자연, 그런 것이 존재하지 않는다는 말입니다. 자연은 '어머니'일지도 모르지만 사악하고 미친 어머니입니다. 인간이 뒤틀어놓은 자연의 균형이란 것은 없습니다. 우리의 주 에너지원인 석유를 생각해 봅시다. 상상이나 할 수 있습니까? 이 엄청난 양의 석유가 만들어지기 위해 어떤 거대한 재앙이 인류 탄생 전의 지구에서 발생해야 했을지? 다들 아시다시피 석유는 자연 재앙의 산물들이 남긴 흔적입니다. 따라서 어머니 지구, 조화로운 균형을 이룬 자연에 사악한 인류가 들이닥쳐 조화를 무너뜨렸다는 인간중심주의적 메타포는 버려야 합니다.

아닙니다, 우리는 단지 자연이 스스로에게 늘 하던 것을 반복하는 것뿐이지요. 하지만 그럼에도 오늘날 변한 것은 있습니다. 우리는 한계에 도달하고 있다는 사실입니다. 어떤 한계인가 하면, 우리의 자연에 대한 지배력과 자유, 심지어 우리의 생존까지도 안정된 자연의 요인들에 의존하고 있다는 것입니다. 우리는 특정한 온도와 특정한 대기 조성, 충분한 산소, 물과 에너지의 원활한 공급 등이 충족되어야 생존할 수 있습니다. 여기서 역설은, 다소의 여분을 남겨두는 한 인류는 무엇이든 원하는 대로할 수 있다는 것입니다.

인류 자체가 지질학적 요소가 되는 시대

하지만 왜 지나치게 하는 걸까요? 정확히 말하자면 왜 자연 순환계를 뒤흔들 정도로 지나친 걸까요? 우리는 그저 한계에 봉착해 있습니다. 이 대목에서 제가 존경하는 인도의 인류학자 디페시 차크라바르티Dipesh Chakrabarty를 인용하고 싶습니다. 그는 '우리는 새로운 지질학적 시대에 들어서고 있다. 인간은 그 압도적 숫자와 화석연료의 연소와 다른 관련 활동 덕택에 지구상의 지질학적 매개가 되었다'고 했습니다. 그는 이것을 '인류세'(人類世, Anthropocene)라고 부르는데, 이는 인류 자체가 지질학적 요소가 되는 시대지요. 인류가 단지 당장의 환경에만 영향을 주는 것이 아니라 지구 생명 활동과 생명 순환의 양식에 직접 영향을 미친다는 의미입니다.

제가 처음 중국을 방문했을 때 들은 얘기였는데, 정부가 싼샤 댐三峽大堤을 건설하기로 결정했을 때 많은 지질학자들이 경고했었다고 하더군요. 댐으로 형성된 거대한 인공호수가 지진을 일으킨 지하 단층 바로 위에 있게 된다는 것이 그 이유였지요. 이 거대한 인공호수는 강력한 지진의 가능성을 크게 높였습니다. 그리고 기억하시는 것처럼, 정확하게 이것이 수년 전의 쓰촨대지진을 유발했습니다. 그리고 이것은 아마 좋은 징조겠지만, 중국 정부조차도 수십만 명이 사망한 거대한 쓰촨대지진이 우리 인간의 활동에 의해 부분적으로라도 촉발되었다는 사실을 인정했습니다. 이처럼 인류가 직접적이고 결정적인 지질학적 요소가 되었다는 주장인 '인류세'의 또 다른 측면은 '우리는 무엇을 할 것인가'입니다.

알고 계십니까? 상상하기 두려운 일이지만 현재 정부, 위원회 등 권력자들에 의해 '지오 엔지니어링'(지구공학, Geo

Engineering)이라는 것이 논의되고 있습니다. 이 가설은 지구온난화를 막기에는 화석연료 규제 등 원칙적 방법으로는 이미 늦었다는 것입니다. 훨씬 극단적인 방법을 써야 한다는 거죠. 그래서 그들은 이미 거대한 계획을 논의 중입니다. 예를 들어 수백만 톤의 물이나 바닷물 등으로 된 미세입자를 방사해 이것으로 태양광선을 막는다는 것 등입니다. 이렇게 대기의 조성에 직접 간여하는 것이 얼마나 위험한지 상상해보십시오. 지구공학을 통해 인공적으로 바꿨을 때 따라올 부수적인 피해, 의도치 않은 부작용에 대해 그 누가 알 수 있겠습니까? 이것이 핵심적인 문제입니다.

'의견'만 존재하는 과학

위험은 어디에나 있습니다. 우리는 이 위험들을 통제하기 위해 과학자들에게 해법을 의존합니다. 하지만 그들 자신도 '우리 과학자들이 많이 알게 될수록 실은 더 적게 알게 된다'라고 말합니다. 과학자나 전문가들은 앎의 주체로 인지되고 있지만, 사실 이들도 모릅니다. 생태적 재앙의 위험에 맞닥뜨렸을 때 우리는 물론 과학적 지식에 의존하지만, 과학이 줄 수 없는 것까지 기대해서는 안 됩니다. 물론, 우리는 생태학적 재앙의 직접적인 면만을 압니다. 우리는 더 이상 우리의 자연스러운 감각에 의존해서는 대응할 수 없습니다. 조금 장난스럽고 냉소적으로 이야기한다면, 하늘을 아무리 열심히 쳐다본들 오존 구멍을 볼 수는 없습니다. 저 위에 구멍은 없어요. 그것은 순수한 과학적 담론이며 측정이론에 의해 설명되는 것입니다. 그러나 동시에 과학은 점점 불확실해지고 있습니다. 과학이란 리스크의 원천(중 하나)이자, 우리가 붙들고 위협을 정의해야 하는 유일한 매개물이자, 동시에 위협에 대처하고 탈출구를 찾을 자원(중 하나)일 뿐입니다. 저나 여러분 중 일부는 불운하게도 충분히 나이가 먹었기에 이런 표현을 기억하고 있습니다. '과학적 의견이라는 말은 생각할 수 없다.' 우리 보통 사람들은 의견이란 것을 갖고 있지요. 무언가에 관해 토론하다가 답을 알지 못하면 우리 중 하나가 과학자에게 물어보자고 제안합니다. 우리는 진실을 알기 위해 과학자들을 찾는 것입니다. 하지만 눈치채셨습니까? 어느 순간부터 '과학적 의견'이라는 말만 존재하게 되었습니다. 과학적 의견을 '얻는' 것입니다. 과학자들도 궁극적으로 우리와 똑같습니다. 한 과학자는 지구온난화는 없다고 말하고 다른 과학자는 그렇지 않다고 합니다. 저는 이것이 진짜 혼란이라고 봅니다. 이것은 단지 부정직한 과학자들이 기업으로부터 돈을 받고 지구온난화 등을 부정하는 류의 것이 아닙니다.

저는 우리가 실제적인 곤란에 빠져 있다고 봅니다. 이 문제는 형이상학적 측면에서 보기보다 더 깊은 영역으로 들어가야 합니다. 그저 생태학적 재앙이나 인류 역사 지속의 위협이 상존하느냐, 즉 인류가 더 이상 존재할 수 없는 환경을 만들지도 모른다는 문제만이 아니라, 우리가 지금 목도하고 있는 유전공학이나 다른 과학기술의 결과들이 관점에 따라서는 자연의 종말이기도 하다는 것이 저의 관점입니다. 이것은 무슨 뜻일까요? 우리가 '자연적'이라고 하는 것은 무엇입니까? 여기 그저 존재하는 무언가, 침범할 수 없는 밀도를 가진 것, 우리가 의지할 수 있는 여기 항상 존재하는 것, 우리는 이것을 계절의 순환 같은 영원한 것으로 경험합니다. 이처럼 자연은 침범할 수 없는 배경을 갖고 있어야 합니다. 그것은 그저 여기에 있고, 이 자연적 배경 위에서 우리가 뭔가를 하는 것이지요. 하지만 일단 우리가 생명을 관장하는 유전적 메커니즘에의 접근법을 알게 되면 어떤 일이 벌어집니까? 단지 어떤 것은 인공 생명이고 다른 것은 자연적 생명이라고 말할 수 있다는 차원이 아닙니다. 일단 유전공학적인 방법으로 생명을 재생산할 수 있게 되면 자연은 자동적으로 또 다른 메커니즘이 되어버리는 것입니다. 자연은 고유의 자연적 특성을 상실하게 됩니다. 이것이야말로 가장 위협적이고 한편으론 매혹적인 과학기술의 차원입니다.

Life 1.0

우리의 과학기술은 더 이상 19세기나 20세기처럼 자연적 과정을 이해하거나 재현하거나 조작하는 것에만 국한하지 않습니다. 더 이상 있는 그대로의 자연을 지배하려 하지 않습니다. 점점 새로운 것들을 창조해 냅니다. 말 그대로 전혀 새로운 형태의 인공 생명을 만들어내려 합니다. 단지 사람과 동물을 섞어 새로운 종을 만드는 것이 아니라 '영점'Zero Point으로부터 결국 생명으로 진화할 자기 관계적 메커니즘을 만들려는 것입니다. 물론 여기에는 공포가 있습니다. 혹시 나노기술 실험의 결과가 어떤 예측 못한 것이 있을지 상상이나 할 수 있습니까? 새로운 형태의 생명체가 암과 같은 방식으로 스스로 복제하고 우리의 통제를 벗어나 번식을 하면 어떻겠습니까?

오늘의 유전공학은 유기체의 게놈 자체를 인공적으로 접합하여 완전히 새로운, 스스로 복제 가능한 합성 유기체를 만드는 것을 목표로 하고 있습니다. 과학자들은 이 새로운 생명형을 'Life 2.0'이라고 지정하였는데, 정말 불편한 점은 그렇다면 '자연적' 생명체 자체는 자동적으로 'Life 1.0'이 된다는 것입니다. 즉 자연 생명은 소급적으로 그 자연 발생적인 자연의 성격을 잃고 일련의 합성 프로젝트의 일원이 되는 것입니다. 이것이 '자연의 종말'이 의미하는 바입니다.

우리가 안다는 것을
모르는 것들

제 책에서 여러 번 언급한, 반어법을 통한 예를 들도록 하지요. 이 상황에 완벽하게 들어맞습니다. 반어적인 의미에서 '럼즈펠드의 지식에 대한 이론'이라고 명칭을 붙였는데, 여러분, 전 미국 국방장관인 도널드 럼즈펠드Donald Rumsfeld 아시지요? 그가 미국의 이라크 침공을 정당화하려고 매우 흥미로운 철학적 고찰을 도입했습니다. 그는 이렇게 말했죠. "세상에는 우리가 알고, 그것을 알고 있다는 것을 아는 것이 있다."There are known knowns. 예컨대 나는 지금 서울에 있고 그것을 알고 있으며, 또 그것을 알고 있다는 사실을 알고 있다는 것입니다. 다음으로 그는 "세상에는 우리가 모르지만, 그것을 모르고 있다는 것을 아는 것 known unknowns이 있다"고 했습니다. 이 강연장에 2천 명 정도가 있다고 칩시다. 나는 이 방에 정확히 몇 명이 있는지 모릅니다. 하지만 나는 그것을 모른다는 사실을 알고 있습니다. 럼즈펠드는 마지막으로 이렇게 말합니다. "우리가 모르고, 모른다는 것도 모르는 것unknown unknowns이 있다"고. 그의 아마추어적 철학화가 노리는 것은 여기에 숨어있습니다. 사담 후세인의 위협 중 우리가 어떨 것이라고 예상조차 하지 못하는 것, 즉 '알려지지 않은 미지의 것'이 있다는 것이죠. 이것은 우리의 기대의 지평선을 넘어서는 것입니다. 우스운 예를 들자면, (토론회 패널로 참석한 로쟈 이현우를 가리키며) 당신이 금성이나 화성에서 우리를 조종하기 위해 보내진 외계인이라고 가정합시다. 이때는 내가 그것을 모른다는 것으로 충분하지 않아요. 나는 아예 생각조차 하지 않습니다. 내가 모른다는 것도 모르는 것이지요.

우리는 여기서 럼즈펠드의 약점을 접하게 됩니다. 그가 과정 하나를 놓쳤다는 사실을 눈치채셨나요? '우리가 안다는 것을 아는 것들, 우리가 모른다는 것을 아는 것들, 우리가 모른다는 것을 모르는 것들.' 여기에 한 가지가 빠져 있지요. 네 번째 것, 즉 '우리가 안다는 것을 모르는 것들'unknown knowns입니다. 이것을 일컬어 '이데올로기'라고 합니다. 우리가 준수하고 있음을 인지조차 하지 못하는 거부의 신념과 가설들 말입니다. 이데올로기는 인종주의나 편견 등 우리가 아는 어떤 것이죠. 하지만 우리는 안다는 것조차 인식하지 못합니다. 이러한 편견 같은 것들은 일종의 잘못된 지식인데 우리가 안다는 것을 모르고 있지요. 제 생각에는 미국이 이라크에서 곤경에 빠진 이유가 이것 때문입니다. 이것은 사담 후세인의 비밀 무기 같은 진정한 무지의 영역이 아닙니다. 그들은 이라크에서 자신들의 행위를 결정한 이데올로기적, 문화적 편견을 인지하지 못했습니다.

현대의 재앙이 고대의 재앙보다 견디기 어려운 이유

하지만 생태학으로 돌아오면 생태학의 진정한 문제는, 우리가 아는 것이나 우리가 모른다는 것을 아는 것이 아니라, 우리가 모른다는 것조차 모르는 데에 있습니다. 자연은 여전히 아름답고 범접할 수 없는 신비로운 것입니다. 어쩌면 우리가 인지할 수 없는 극단적으로 기묘한 차원이 있을지도 모릅니다. 이런 것을 우리가 모른다는 것도 모르지요. 이것이 특히 중요합니다. 우리가 안다는 것을 모르는 것. 자연을 어떻게 다룰 것인지 규정하는 우리의 모든 편견들. 생태학의 경우, 이러한 거부의 신념과 가설들이 바로 재앙의 가능성을 믿지 못하게 막는 장벽이며 '알려지지 않은 미지의 것들'이 이들과 결합합니다.

왜 꿀벌이 대규모로 사망하고 있는가? 특히 전세계 꿀벌 수의 80퍼센트를 차지했던 미국에서 왜 이 현상이 두드러지는가? 이 재앙은 식량 공급에 파괴적 영향을 미칠 수 있습니다. 음식물의 3분의 1가량이 충매식물로부터 오며, 꿀벌은 이 수분의 80퍼센트를 책임지고 있습니다. 전 세계적 재앙의 가능성은 이런 식으로 상상해야 하는 것입니다. 빅뱅과 같은 대 충격이 아니라 낮은 수준의 침해가 전 세계적으로 파괴적인 결과를 불러오는 것입니다. 우리가 해야 하는 일이 자연적 균형으로 되돌아가는 일인지조차도 확실하지 않습니다. 어떤 균형을 말하는 것인가? 미국과 유럽의 꿀벌이 이미 일정 정도, 일정한 양식으로 산업오염에 적응했다면 어쩔 것인가?

꿀벌의 대규모 사망이라는 사태에는 불가사의한 구석이 있습니다. 동일한 현상이 선진국의 대부분 지역에서 동시발생하고 있음에도 불구하고 지역별 조사에 따르면 원인이 다릅니다. 특정 살충제의 독성효과 때문이라거나 커뮤니케이션 기기에서 발생하는 전자파로 인해 공간적 방향감각 상실 때문 등입니다. 원인의 다양성은 원인과 결과 사이의 연결고리를 불확실하게 합니다. 그리고 역사에서 우리가 배웠듯, 원인과 결과 사이에 간격이 있을 때마다 더 깊은 의미를 찾고자 하는 유혹이 떠오릅니다. 자연적 원인보다 근원적인 부분에 더 깊은 영적 원인이 있으면 어떻게 할 것인가? 그게 아니라면 어떻게 자연과학의 입장에서는 서로 다른 원인으로 인한 현상의 불가해한 동시성을 설명할 수 있는가? 여기서 소위 말하는 '영적 생태주의'Spiritual Ecology가 등장합니다. 벌집이란 벌이 가혹하게 착취당하는 일종의 노예 농장, 강제 수용소 같은 곳이 아니던가? 그래서 우리의 착취 행위에 대해 어머니 지구가 보복한 것이 아닐까?

이러한 영적 해석의 유혹에 대한 최고의 해독제는 마음에 이렇게 새기는 것입니다. 럼즈펠드의 인식론을 다시 빌리자면, 꿀벌의 경우에는 안다는 것을 아는 것들이 있고(살충제에 대한 꿀벌의 취약성), 모른다는 것을 아는 지점이 있습니다(말하자면 어떻게 꿀벌이 인간이 발생시킨 방사능에 반응하는지 등). 그렇지만 무엇보다도 알려지지 않은 모르는 것과, 알려지지 않은 아는 것들이 있습니다. 꿀벌이 환경과 상호작용하는 방식에는 우리가 알지 못할 뿐 아니라 심지어 인지조차 하고 있지 못한 측면이 있습니다. 그리고 또한 꿀벌에 대한 우리의 인식에는 '알려지지 않은 미지의 것'들이 많이 있습니다. 꿀벌의 연구를 왜곡하고 동시에 윤색하는 그 모든 인간중심의 편견 말입니다.

결론짓자면, 모든 과학 발전에도 불구하고 자연은 범접할 수 없는 상태로, 혹은 적어도 매우 불투명하고 예측불가능한 상태로 남는다는 것입니다. 여기에서 거대한 이데올로기적 유혹, 즉 의미를 읽고자 하는 유혹이 생겨납니다. 그것이 현대의 재앙이 고대의 재앙보다 훨씬 견디기 어려운 이유입니다. 우리가 의미를 찾도록 몰아가는 것이 바로 무심한 불투명성과 불가해성입니다. 우리의 일상적 존재의 근원적 뼈대를 불안정하게 하는 대재앙의 위협에 맞닥뜨렸을 때, 우리의 첫 번째 자연스러운 반응은 숨겨진 의미를 찾는 것입니다. '이것이 발생하는 원인이 있을 것이다. 우리가 뭔가를 잘못했을 것이다.' 현대 이전의 세계universe에서는 신학적이든 우주적cosmic 의미의 세계이든 소행성 충돌이나 지진, 해일, 산사태, 화재 등 끔찍한 일이 벌어졌을 때, 거기서 신의 형벌 같은 의미를 찾아내려 했습니다. 어떤 의미이든 아무 의미가 없는 것보단 낫겠지요. 숨겨진 의미가 있다면 우주와 일종의 대화를 하는 셈이니까. 이것이 에이즈와 생태적 재난에서 홀로코스트까지 잠재적 혹은 실재적 재앙과 맞닥뜨렸을 때, 의미를 찾고자 하는 유혹에 저항하는 게 그토록 중요한 이유입니다. 9·11 테러에 대한 제리 팔웰Jerry Falwell과 팻 로버트슨Pat Robertson이라는 기독교 보수주의자들의 첫 번째 반응은, 미국인의 죄 많은 삶 때문에 신이 미국에 대한 보호를 거두어들인 증거로 본 것이었습니다. 이들은 향락적 물질주의, 자유주의, 분방한 성생활을 비난하며 미국은 당연한 벌을 받은 것이라 주장하였습니다. 그렇지만 근본(심층) 생태주의자들도 이와 비슷한 일을 하지 않습니까? 환경문제를 천연자원의 무자비한 착취에 대한 어머니 지구의 복수라고 읽어내는 것처럼 말입니다.

종교를 대체하는 새로운 아편

2008년 11월 28일, 볼리비아의 에보 모랄레스Evo Morales 대통령은 〈기후변화: 자본주의로부터 행성을 구하자〉라는 제목의 서신을 대중에게 발표하였습니다. 그 첫 문장은 이렇습니다. "오늘날 우리의 어머니 지구는 아픕니다."Today, our Mother Earth is ill. 볼리비아의 모랄레스 행정부가 추구하는 정치는 물론 전적으로 지지할 만합니다. 그럼에도 불구하고 지금 인용된 문장은 그 이데올로기적 한계를 고통스러울 정도로 명쾌하게 드러냅니다.(그리고 이데올로기적 한계에 대해서 보통은 실제적 대가를 치르게 됩니다.) 모랄레스는 문제가 전혀 아니라는 듯이, 특정 역사적 순간에 발생한 '원죄에 의한 타락'the Fall에 대한 서술에 기댑니다. "모든 것은 1750년 산업혁명으로부터 시작되었습니다……." 그리고 예측 가능하게도, 이 타락은 어머니 지구에 대한 우리의 근원적 상실로 이어져 있습니다. "자본주의하에서 어머니 지구는 존재하지 않습니다.(여기에 대해서 저는 이렇게 덧붙이고 싶습니다. 자본주의에 딱 하나 좋은 점이 있다면, 자본주의 안에서 어머니 지구가 더 이상 존재하지 않는다는 점이라고.) 자본주의는 세계의 비대칭과 불균형의 원천입니다." 이는 즉, 우리의 목표가 전통적 성 비유를 담은 우주론인 어머니 지구(와 아버지 하늘)에 가장 잘 구현된 '자연적'균형과 대칭의 회복이라는 것을 의미합니다. 이러한 류의 생태주의는 신세기의 지배적 이데올로기 형태로 발전할 가능성이 무척 높습니다. 이는 대중에게 쇠퇴하는 종교를 대체할 새로운 아편입니다. 이는 한계를 부여하는 절대적인 권위를 자처하는 지난 세기 종교의 근원적 기능을 이어 받는 것입니다. 생태주의자들의 삶의 방식을 급격하게 바꾸라는 집요한 요구에도 불구하고, 바로 이 이유로 이러한 요구의 저변에는 정 반대의 요소가 놓여 있는 것입니다. 바로 변화와 발전, 진보에 대한 깊은 불신입니다.

물론 우리에게도 공동의 책임이 있죠. 그래서 인간에게 모든 책임을 지우는 생태학의 관점도 있습니다. 이것 역시 '인류세'에 대한 부정적인 관점으로 문제를 너무 단순하게 만듭니다. 단지 우리들만 책임이 있다면 그저 우리 삶의 방식을 바꾸기만 하면 영원히 살 수 있겠지요. 금연 등 어떻게 하면 건강하게 오래 살 수 있을지에 대한 많은 충고들이 있습니다. 여기에는 무의식적인 미신이 자리하고 있습니다. 이 충고들을 모두 따른다면 결코 죽지 않을 것 같은……. 그렇지만 아니죠. 설사 내가 철저히 바른 생활을 하고 녹차와 허브티만 마신다 해도 어쩌면 술과 마약에 찌든 사람보다 더 고통스럽게 죽을지도 모릅니다. 그런 게 인생이죠.

진정 받아들이기 어려운 것은, 어리석음을 넘어 자연의 무의미함입니다. 저는 우리가 생태계를 다루는 이상의 여러 가지 방식들을 피해야 한다고 봅니다. 이러한 것들에는 생태계 자체에 의미를 부여하는 일이나, 나아가 생태적 재앙을 순수한 생태적 문제로만 보는 것도 포함됩니다. 예컨대 우리가 필요한 새로운 발명들, 핵분열을 대신하는 핵융합 등을 통해 충분한 에너지를 보유할 수 있을 것이라는 식의 주장들. 아닙니다. 물론 산업화된 생활방식에 문제는 있습니다. 하지만 동시에 우리는 통제가 불가능한 자연의 우발적인 사건들에 대해서도 고려해야 합니다. 그렇죠, 유감이지만, 소행성의 충돌이 모든 것의 종말이 될지도 모릅니다.

저는 이것이 현대의 유물론이라고 봅니다. 정말 힘든 일은 이 극단적이고도 열려있는 자연의 우발성을 받아들이는 것입니다. 이것은 진화생물학자인 스티븐 제이 굴드Stephen Jay Gould와 다른 다윈주의자들이 반복적으로 이야기했던 것으로, 자연에는 진화나 진보가 없습니다. 재앙이나 깨진 평형은 자연의 역사의 일부입니다. 라캉주의 이론에서는 이것을 프랑스어로 라빠뚜 La pas-tout, 영어로는 the non-All이라고 합니다. 자연은 전혀 전체론적이지 않습니다. 자연의 전체론적 속성을 찬양하는 이들이야말로 가장 폭력적인 인간주의자들입니다. 그들은 인간의 꿈을 자연에 투영합니다. 진화의 광기를 한번 보십시오. 전적으로 우발적이며, 얼마나 많은 낭비와 파괴가 발생하는지. 사람들은 지속가능성에 대해 설교하지만 그것은 인간의 것입니다.

지속가능성은 김일성의 주체사상 자연 버전

자연은 지속가능하지 않습니다. 현재 선진국의 생태주의자들의 거대 주문인 '지속가능성' 자체를 비난하는 것을 두려워하지 마십시오. 지속가능성이란 아무것도 낭비되지 않는 닫힌 순환계라는 생각에 기반한 이데올로기적 신화입니다. 지속가능성이란 악명 높은 북한의 김일성의 주체사상 자연 버전이나 다름없습니다. 주체란 '자족, 자립의 정신'이라고 표현할 수 있는 개념입니다. 문제는 자연은 절대 '지속가능' 하지 않으며, 단지 쓰레기를 생산하는 하나의 거대하고 무분별한 과정에 불과하다는 것입니다. 좀 더 가까이서 보면 '지속가능성'이란 보다 큰 환경을 희생하는 대가로 스스로의 균형을 강제하는 제한된 과정을 가리킨다는 것을 쉽게 입증할 수 있습니다. 부유하고 생태적으로도 각성된 기업 임원의 전형적인 지속가능한 집을 한번 생각해보십시오. 숲과 호수에 가까운 녹지의 고립된 계곡 모처에 위치했으며, 태양에너지와 소똥 등 폐기물의 사용, 자연광을 받아들이는 창문 등, 이러한 집을 건축하는 비용(단지 금융비용뿐 아니라 자연이 치르는 비용)을 생각해 보면 다수가 이런 집을 짓는 것은 금기일 수밖에 없습니다. 신실한 생태주의자에게, 가장 이상적인 주거는 수백만이 근접해서 살아가는 대도시입니다. 이러한 도시는 수많은 폐기물과 오염을 생산해내지만 1인당 오염 정도는 시골에서 사는 생태적 의식이 있는 가족의 그것보다 훨씬 낮습니다. 우리의 임원께서 전원주택에서 직장까지 어떻게 출근하겠습니까? 아마도 집 주변의 풀을 오염시키는 것을 피하기 위해 헬리콥터로 다닐 겁니다.

이기는 것만으로 나는 충분치 않다. 다른 이들이 져야 한다

이쯤에서 공동선과 생태학과 관련된 윤리의 문제로 다시 되돌아가려 합니다. 인류에게는 다시 일종의 공산주의 같은 것이 필요합니다. 어째서 공산주의(코뮤니즘) 재실현이 오늘날 그렇게 상

상하기 힘든 것입니까? 지난 세기에 공산주의의 꿈은 비참하게 실패하여 경제적, 민족-정치적, 마지막으로 중요하게 생태적으로도 재앙을 낳았습니다. 그러나 이러한 꿈을 꾸게 만들었던 문제는 현재도 진행 중이며, 시장과 국가를 넘어선 새로운 형태의 집단 활동이 재창출되어야 할 것입니다. 오늘날, 불가능과 가능한 것은 이상한 방식으로 분포되어 있습니다. 우리는 이러한 가능한 것과 불가능한 것

사이의 등위 관계를 넘어서고, 전능한 불멸이 불가능함을 현명하게 받아들이고, 급격한 사회 변화를 위한 공간을 열어, 모든 형태의 근본주의적인 운명론을 어떻게든 피해야 하는 시대를 맞이하였습니다. 이러한 전환에는 고매한 윤리가 필요치 않습니다.

여기서 우리는 장 자크 루소가 말한 '자기애'amour-de-soi, 다른 식으로 표현하면 '진정한 이기주의'를 환기할 필요가 있습니다.

'이기는 것만으로 나는 충분치 않다. 다른 이들이 져야 한다.' 미국의 작가인 고어 비달Gore Vidal의 이 말은 진정한 자기애와 목표 성취에 초점을 맞추지 않고 그에 대한 장애물을 파괴하는 데에 초점을 맞추는 형태의 왜곡된 형태의 타인 대비 자아선호인 자기 편애amour-propre를 구분한 루소의 논지와 잘 들어맞습니다. 악마적인 인간은 따라서 '자신의 이익만 생각하는' 이기주의자가 아닙니다. 진정한 이기주의자는 스스로의 선을 챙기느라 너무 바빠 다른 이들에게 불행을 야기할 시간이 없습니다. 악인의 가장 주된 악덕은 바로 그가 자신보다 다른 이들의 생각에 더 정신이 팔려 있다는 점입니다.

'오늘날의 향락적 이기주의 사회에서는 진정한 가치가 상실되었다'고 말하는 비평가들은 완전히 핵심을 놓치고 있는 것입니다. 이기적 자기애의 진정한 반대는 이타주의나 공동선에 관한 관심이나 나 자신의 이익에 반하는 행동을 하게 만드는 질투와 원한입니다. 니체와 프로이트가 공유했던 것은 평등으로서의 정의가 질투에 기반하고 있다는 생각입니다. 우리가 갖지 못한 것을 가지고 그걸 누리는 '타자'에 대한 질투입니다. 정의의 요구에 숨겨진 것은 따라서 '타자'의 과도한 향유를 줄여 모두가 주이상스(jouissance, 언어화된 쾌락이나 사회적으로 용인된 쾌락 등 우리가 경험하는 불충분한 쾌락의 너머에 있는, 우리를 만족시키고 채우는 그 이상의 어떤 것_편집자)에 대한 접근이 동등해지도록 하자는 것입니다. 이러한 요구의 결과는 물론 금욕주의입니다. 동등한 주이상스를 강제하는 것은 불가능하니 대신 금지prohibition를 동등하게 누리도록 강제하는 것입니다. 그런데 관대한 것으로 알려진 오늘날의 사회에서도 이러한 금욕주의는 그 반대의 형태를 띱니다. 일반화된 초자아의 강제명령injunction, 혹은 "즐겨라!"라는 명령의 형태를 띠는 것입니다. 나르시스트적 '자아실현'과 조깅, 건강식 등의 온전한 금욕과 극기를 조합하는 여피족을 보십시오. 어쩌면 이것이 니체가 '최후의 인간'Last Man의 개념을 말할 때 마음에 두고 있었던 것인지도 모릅니다. 비록 여피의 쾌락적 금욕주의라는 외양에 숨은 그(최후의 인간)의 윤곽을 진정으로 가늠할 수 있는 것은 오늘에 와서이지만 말입니다.

우리는 종종 생태적 위기는 우리의 단기적 이기주의의 결과라는 말을 들어왔습니다. 당장의 쾌락과 부에 사로잡혀 공동선을 잊었다는 것입니다. 발터 벤야민의 종교로서의 자본주의 개념이 중요해지는 지점이 여기입니다. 진정한 자본주의자는 쾌락적 이기주의자가 아닙니다. 그는 반대로 스스로의 부를 불리는 업에 광적으로 충실하며 이를 위해 자신의 건강과 행복뿐 아니라 그 가족의 번영과 환경의 안녕까지도 저버릴 준비가 된 사람입니다. 그렇다고 고결한 도덕주의를 환기할 필요까지는 없습니다. 결론적으로, 루소가 자연적 자기애라고 불렀던 것을 추구하려면 고도로 문명화된 수준의 인식이 필요한 것입니다.

철학이
답할 때

이 과학기술의 시대에, 우리 시대의 언어지만 동시에 기술 이데올로기에 파묻히지 않는 자연의 이미지는 무엇이 되어야 할까요? 영국의 작가이자 칼럼니스트인 니콜라스 펀Nicholas Fearn은 저서 《철학입문》에서—지금 내 어린 아들이 호텔방에서 즐기고 있는 한국의 유명한 분야인—디지털 게임과 양자역학을 비교합니다. 디지털 게임의 역설은 무엇입니까? 여러분이 게임의 세계로 들어갈 때 우주는 완전히 프로그램된 것이 아닙니다. 배경의 흐릿한 나무는 그저 그 모습으로 존재할 뿐입니다. 왜냐하면 일반적으로 그 나무는 여러분이 접근할 수 있는 게임의 일부가 아니기 때문입니다. 여러분은 그저 가운데 나 있는 길을 따라갈 뿐, 밖으로는 나갈 수 없지요. 그럼 왜 프로그래머는 나무나 별을 자세히 프로그램하기 위해 시간을 낭비했을까요? 게이머는 별이 어떻게 생겼는지 가까이 가서 보겠다고 할 수 없습니다. 별은 그저 검은 자국일 뿐, 가까이서 볼 수 있는 게임의 일부가 아니니까요. 이때 현실은 말 그대로 불완전합니다. 게임을 위한 완전한 실재는 불필요합니다. 그렇다면, 배경에 집이 있어도 이것이 게임의 일부로 들어가서 볼 수 없다면 왜 실내장식을 프로그램하겠습니까?

니콜라스 펀은 이것을 양자역학의 이른바 불확정성 원리, 정확하게 말하자면 상보성complementarity과 연계시킵니다. 입자의 위치와 속도를 동시에 측정할 수 없다는 것입니다. 하지만 양자역학의 아버지 닐스 보어Niels Bohr가 지적한 것처럼, 이는 단지 우리가 측정할 수 없는 것이 아니라 입자 자체가 이 두 가지 속성을 동시에 가지지 않기 때문입니다. 여러분이 측정을 하는 순간, 하나의 속성이 창조되면서 다른 하나는 버려지는 것이지요. 측정 전 입자는 둘 중 하나가 될 가능성의 상태에 놓여 있습니다. 그럼 어디에 연계점이 있을까요?

다음은 놀랍고도 매우 깊이 있는 철학적 농담입니다. 신은 게으르고, 우리의 두뇌를 낮게 평가한 컴퓨터 프로그래머라는 것입니다. 신은 우리가 원자의 분석에만 도달할 수 있을 뿐, 원자의 내부구조를 들여다볼 거라고는 생각하지 못한 것입니다. 따라서 원자 내부를 프로그래밍하기 위해 왜 시간을 낭비하겠습니까? 우리가 너무 똑똑한 거죠. 어떤 작가가 여러분에게 환영을 그려줄 때, 그는 당신이 뒤로 돌아가 기계 장치를 확인하고 만지작거릴 거라고는 전혀 예상하지 않습니다.

양자역학의 철학적 교훈

여기서 문제는 다음과 같습니다. 저는 이것이 양자역학의 진정한 철학적 교훈이라고 생각합니다. 자연의 불완전성, 즉, 깊이 들여다봤을 때 존재론적으로 불완전한 신이 부재하는 자연을 우리는 받아들일 수 있는가? 이것이야말로 현대의 유물론입니다.

존재론적으로 완전히 구성되지 않은 이런 실재. 이것은 일종의 열린 실재로, 단지 가능성의 열린 우주를 의미하는 게 아니라 훨씬 급진적인 의미에서의 열림이죠. 이 지점에서 불교와의 연계성이 있을지도 모릅니다. 무無의 개념이 공空에 가까이 근접할수록 사물은 단지 공의 배경에 드러나는 현상의 복수성이라는 것이지요. 아무리 사물을 분석해도 마지막 원자나 입자, 이것이야말로 최후의 구성요소라고 하는 것을 발견할 수는 없습니다. 최후의 구성요소는 허공입니다. 이것이 우리에게 주는 큰 교훈은 우리로 하여금 존재론적 불완전성과 열림을 생각하게 해준다는 점입니다.

저는 우리 인간에 대한 명백한 모욕들, 예컨대 우리는 그저 아주 작은 요소일 뿐이며 어머니 지구가 어쩌고저쩌고 운운하는 딥 에콜로지스트들의 윤리에 늘 대단히 비판적이었습니다. 아닙니다! 대타자Big other는 존재하지 않습니다. 신은 존재하지 않으며 어머니 지구도 존재하지 않습니다. 우리 자신을 극미한 존재로 한정 짓는 생각은 항상 틀린 것입니다. 이런 관점에서 거대한 전체주의적 총체성을 보는 일부 신진 생태학자들은 스탈린주의자들을 떠올리게 합니다. 같은 방식으로 스탈린주의자들은 언제나 사적인 겸손함을 주장했습니다. 자신들은 아무것도 아니고 단지 인민의 겸허한 충복일 뿐이라고 했습니다. 그러나 그들은 인민이나 역사가 원하는 것을 아는 것처럼 행세하며 그들을 대신해 행동했죠. 저는 유사한 오만을 일부 생태학자들에게서 발견합니다. 자신들은 아무것도 아니지만 막상 어머니 지구가 원하는 것을 안다는 식이죠.

담화분석을 넘어

지금 우리는 비판적으로 사유해야 합니다. 보다 실존적인 의미에서 이것이야말로 현대의 진정한 과제이며 탈형이상학이라고 말할 수 있습니다. 현실의 불완전성 속에서 어떻게 생각하느냐뿐 아니라 어떻게 흡수하느냐, 어떻게 윤리적으로 사느냐는 것입니다. 예를 들어 뇌과학자들은 인간에게 자유의지는 없고 모든 것은 신경 메커니즘에 의해 조종된다는 이론을 내놓습니다. 하지만 그렇다고 그들이 실존적으로 그렇게 사는 것은 아닙니다. 여전히 자유로운 인간으로 활동합니다. 매우 지적인 독일의 뇌 과학자이자 철학자인 토마스 메칭거Thomas Metzinger의 경우, 적어도 이것을 인지하고 있습니다. 뇌 과학의 메시지는 우리가 이해하거나 이성적으로 받아들일 수는 있지만, 인간으로서는 진심으로 받아들이거나 믿을 수 없다고 그는 말합니다. 왜냐하면 이를 믿는 것은 자기 자신의 정체성을 버린다는 의미이기 때문입니다. 자신을 더 이상 인간으로 바라볼 수 없는 것입니다. 그래서 메칭거 자신도 주장하길, 만약 특정 유형의 불교적 참선을 한다면 아마도 실존적으로 인지과학과 같은 차원에 도달하게 될 것이라고 합니다. 자아가 없어지는 등등의. 제가 보기에는 더 복잡할 것 같지만요.

저는 서두에 여러분을 바보 취급하지 않겠다고 말씀드렸습니다. 진정한 내 자신의 일부, 공산주의 등, 다 좋지만 큰 형이상학적 질문들이야말로 제 흥미를 당깁니다. 저는 이런 질문들을 위한 때가 이제 왔다고 봅니다. 지난 20~30년 동안 사상의 지배적 경향은 담화분석이었습니다. 미셸 푸코 같은 이의 관점이죠. 여러분이 포스트모더니스트라면, 만약 제가 여러분에게 인간이 자유의지를 갖고 있느냐고 묻는다면, 푸코주의자의 답은 '유일하게 의미 있는 질문은 어떤 담론의 체제하에서 이런 형태의 질문을 구성하는 것이 가능한지일 뿐이다'일 것입니다. 현실은 그저 무시되고 맙니다. 절대적 지평선은 다른 종류의 에피스테메 epistēmē, 인식론적 틀이라는 것이죠. 사람들은 소위 형이상학적 질문들을 찾고 있습니다. 그들은 과학에서 이를 찾으려 합니다. 왜 스티븐 호킹이나 양자우주론자들이 인기 있는 걸까요? 이유는 그들이 거대한 질문들에 대한 해답을 제공하기 때문입니다. 자유의지는 있는 걸까, 우주는 어떻게 될까 등등. 이제 철학이 이 역할을 되가져올 때입니다. 너무 길게 말했다면 죄송하고, 여러분의 인내심에 감사드립니다.(박수)

5부 청중과의 대화

Thursday, June 28, 2012

건국대학교 새천년기념관

욕망하는 것을
원하는 순간

Q. 영구적인 낙관주의를 향해 가는 교수님의 냉소적인 태도가 무척 흥미롭습니다. 지구를 구하기 위해 이기적이 되어야 한다고 하셨는데요. 교수님은 우리 모두가 스스로 욕망하는 것을 진정으로 알 수 있다고 생각하는지, 그리고 우리가 원하는 것을 결정하는 요소는 무엇이 되어야 하는지 묻고 싶습니다.

일단 저는 당신이 어느 부분에서 저의 낙관주의를 봤는지 모르겠군요. 제가 제시한 역설은 사람들이 가장 자연스럽게 인지하고 있는 것들입니다. 일반적인 시각은 '우리는 자연적인 이기주의자들이고 이기주의와 싸움으로서 다른 사람들을 돌아보기 시작한다'라는 것들인데, 아닙니다. 저는 우리가 자연적인 이기주의자들이 아니라고 생각합니다. 아주 기본적으로 우리는 질투하기 좋아하는 사악한 사람들입니다. 우리들 중 다수는 평등주의자들입니다. 그들은 다른 사람을 위해 스스로의 즐거움을 포기하거나 스스로를 희생할 준비가 되어 있습니다. 그렇지만 이것은 오히려 다른 사람의 고통으로 이어질 수가 있습니다. '당신이 조금 더 고통 받는다면 나도 고통 받을 준비가 되어 있다'는 것이죠. 저는 순진한 마르크스주의나 휴머니즘에 대한 낙관주의를 펴지 않습니다. 만약 인간의 본성이라는 게 존재한다면 그것은 질투나 원한 등이죠. 제 유일한 역설은, 이기주의자가 되는 것은 아주 열심히 노력해야만 하는, 정말로 스스로에게 좋은 것을 추구할 수 있어야만 한다는 것입니다. '당신의 불행으로 내가 행복하다'는 비밀스러운 바람을 갖는 식이 아니죠.

두 번째. 모든 사람이 스스로 욕망하는 것을 알 수 있는지에 대해 말씀하셨죠? 아니, 알 수 없습니다. 하지만 때로 기적적인 순간이 있습니다. 적어도 사람들이 본원적인 위선을 벗어던지는 특별한 진화의 순간, 해방의 순간이 있습니다. 그것은 어떤 의미에서는 정말로 욕망하는 것을 원하는 순간이지요. 저는 사람들을 이상화하지 않습니다. 제가 공산주의를 이야기할 때에는, 형제애와 사랑이 넘치는 이상적인 새로운 질서의 도래를 이야기하는 것이 아닙니다. 사람들은 사악할 것이며 원하는 것은 뭐든 하려 들 것입니다. 저는 훨씬 비관적인 관점에서 우리가 항구적으로 세상을 이렇게 유지하며 버티지는 못할 것이라고 말하고 있는 것입니다.

우리는 바꿔야 할 일련의 문제들에 직면하고 있습니다. 생태학, 유전공학적인 것 등이죠. 우리가 겪는 이 문제들은 공동의 문제입니다. 공동의 생태학, 공동선의 문제이죠. 저는 개인적으로 공동이라는 말을 이론적인 의미에서 선호합니다. 자원의 분배 같은 것이지요. 자연은 저나 당신이 소유한 것이 아닙니다. 우리 모두를 위해 여기 존재해야 합니다. 제가 말하는 것은, 우리는 지금 문제를 가지고 있다는 것입니다. 아마 해결할 수도 있겠지만 그렇지 않을 수도 있습니다. 저는 공산주의라는 종점에 도달하게 되는 역사의 열차가 있다고 주장하는 옛날식 마르크스주의자가 아닙니다. 역사의 열차가 있다면 아마 파국에 도달하겠지요. 그리고 진중권 선생이 좋아하는 발터 벤야민이 잘 정리한 것처럼-거의 100년 전인데 이미 알고 있었듯이-우리가 할 일은 역사의 열차에 올라타는 게 아니라 비상 브레이크를 잡아당기는 것입니다.

저는 상당한 비관론자입니다. 다만 저는 위험한 상황이 어쩌면 늘 희망적인 상황이 될 수도 있다고 생각합니다. 열린 상황인 것이죠. 어쩌면 더 좋지 않은 상황으로 흘러갈 수도 있고, 조금 나아질 수도 있습니다. 미래는 열려있습니다. 제 말은, 진정한 유토피아는 우리가 이것저것 조금씩 고통 받으며 지금처럼 항구적으로 나아간다면 맞이하게 될 무엇이라는 것입니다.

존재하는 모든
폭력을 보라

Q. 한 인터뷰에서 아랍의 봄, 아랍에서 일어나는 변화를 언급한 것을 봤습니다. 저는 교수님께서 정통성이 없는 정부를 전복하기 위한 폭력의 필요성을 옹호하는 것처럼 느꼈습니다. 저는 구분을 짓고 싶습니다. 많은 사람들이 아랍의 봄이 새로운 것이 아니라고 합니다. 세계는 이미 냉전시대에 변했다고 합니다. 오늘날 새로운 것은 무엇인가요? 폴란드의 혁명가들은 어떻게 공산주의를 몰락시킬 수 있었을까요? 하지만 오늘날 월가에서의 운동은 자본주의를 몰락시킬 수 없습니다. 자본주의는 계속될 것이며 월가 점령 운동은 힘을 잃고 있습니다. 세상은 이제 어디로 가겠습니까?

어렵지만 아주 좋은 질문입니다. 먼저 공산주의와 관련해서 이야기를 시작하죠. 저는 그때 거기 있었습니다. 기억해요. 1990년의 폴란드, 공산주의가 분해되었지요. 그러나 직후에 거대한 실망이 엄습했습니다. 정말 이상했던 것은, 폴란드의 공산당이 워낙 미움을 받았기 때문에 자유선거를 하면 반대파가 승리할 것이 자명했습니다. 단 4년 후의 자유선거에서 공산당이 다시 권력을 잡을 거라고는 그 누구도 상상조차 못했습니다. 이것을 어떻게 설명할 수 있겠습니까? 만약 1980년이나 1985년에 누군가가 5년 내로 폴란드에 자유선거가 있을 것이고 공산당이 권력을 잃을 것이라고 말했다면, 아마 '아닐 걸, 힘들 거야'라고 답했을 것입니다. 또 그로부터 4년 후에 공산당이 민주적 방법으로 재집권할 가능성을 이야기했다면 저나 여러분이나 모두 완전히 미쳤다고 생각했을 겁니다.

저는 공산주의를 찬양하지 않습니다. 그들은 더럽고 부패했었습니다. 제가 말하는 것은, 사람들이 무언가를 꿈꾸며 공산주의를 무너뜨렸을 때, 그들이 얻게 된 것은 자신들이 원했던 것이 아니라는 것입니다. 저는 폴란드 자유노조 사람들과 많은 이야기를 나눴고 그들의 문서를 읽었습니다. 놀라운 것은 노조의 방향이 기본적으로 사회주의 이념이었다는 것입니다. 자유노조는 자본주의적 경쟁을 원하지 않았습니다. 그들은 자유와 자존, 건강보험 등을 원했지요. 서구의 일반적인 생각은 오늘날의 거친 자본주의 속에서 자유노조는 순진한 환상일 뿐이라는 것입니다. 여기에서 우리가 얻을 수 있는 교훈은, 그렇죠, 자본주의가 이겼지요. 하지만 싸움은 계속되고 있다는 것입니다. 그리고 이제 중요한 질문. 싸움은 언제까지 계속될 것인가? 아니면 단지 유토피아적인 격발만이 일어나고 다시 원래대로 돌아가는 것인가? 저는 아니라고 생각합니다. 구조적인 이유로 인해, 사람들이 그저 5년, 10년에 한 번씩 국지적인 혁명을 일으킨 뒤 조금 즐기고 다시 제자리로 돌아가지는 않습니다. 싸움은 계속될 것입니다.

두 번째로, 이집트와 폭력에 대해 말씀드리죠. 이 점은 내겐 아주 명쾌합니다. 혁명의 폭력은 당신이 의미하는 혁명이 무엇이냐에 달려 있습니다. 내게 이집트 혁명, 즉 타흐리르 광장은 혁명이라고 부르기는 어렵지만, 내가 폭력을 지지하는 관점에서의 폭력이었지요. 어쩌면 일부 파시스트 정권보다 더 폭력적이었을 겁니다. 내가 찬성하는 폭력은 물론 고문과 살인이 아닙니다. 내가 지지하는 폭력은 단호하고 무자비하게 대화와 사회활동을 중단시키는 것입니다. 이집트의 인민들이 한 것은 수도의 중심 광장을 점거하고 나라 전체를 마비시킨 것이었습니다. 그들은 '자, 이제는 협상할 때야'라고 말하지 않았습니다. 대통령인 무바라크가 말했지요. "당신들의 요구를 들었으니 이제 대화를 하자." 거기에 인민들은 "아니, 토론은 없다. 당신이 떠나야 한다"고 했습니다. 내게는 이것이 벤야민이 말한 신성한(신적) 폭력입니다. 진짜 폭력은 무바라크의 사람들이 행했고, 인민의 그것은 명확하게 모든 것을 원래대로 돌려놓으려는 폭력이었습니다. '혼란은 이제 충분하다, 일상으로 돌아가자'는 것이었죠. 이것이 제 관점입니다.

사람들은 제가 "간디가 히틀러보다 더 폭력적이었다"고 하니까 미쳤다고 여겼죠. 히틀러가 수백만 명을 죽인 것은 사실입니다. 하지만 그가 정작 두려워했던 것은 사회구조를 바꾸는 것이었습니다. 히틀러는 자본주의의 도입을 막기 위해 수백만을 죽였지요. 지나치게 단순화된 마르크스주의식 표현이긴 하지만요. 간디가 인도에서 원했던 것을 히틀러는 결코 원하지 않았던 것입니다. 간디는 영국 정부가 그곳에서 기능하는 것을 중단시키려 했습니다. 히틀러가 원했던 것은 독일이 정상적으로 기능하는 것이었습니다. 그는 이를 위해 수백만 명을 죽일 준비가 되어 있었지요. 이것이 저의 폭력관입니다. 우리는 어디에 폭력이 있는지,

어떤 형태의 폭력인지 면밀히 살펴야 합니다.

그리고 또 다른 요지는, 사람들이 폭력을 이야기할 때 어디서 폭력을 보느냐는 점입니다. 자동적으로, 자연스럽게, 우리는 오직 일상생활이 방해받는 지점에서만 폭력을 봅니다. 혼란이 생기고 혁명이 일어나면 "맙소사, 폭력이다!"라고 하지만, 단지 우리가 익숙해졌거나 무시하는데 익숙해진 상시적으로 벌어지고 있는 폭력들은 어떤가요? 예컨대 콩고공화국에서 리비아나 이집트 등을 모두 포함한 것보다 매주 더 많은 폭력이 벌어진다는 사실을 알고 있습니까? 우리는 그저 무시하고 있습니다. 그러나 우리는 실은 알고 있지요. 확인해 보세요. 1990년대 중반 〈타임〉지는 지난 10년 동안 콩고에서 400만 명 이상이 자연적이지 않은 이유로 사망한 사건을 커버스토리로 다뤘습니다. 당시 저는 뉴욕에서 열린 어떤 토론회에서 〈타임〉지의 편집장을 만났습니다. 그는 반향이 클 거라고 예상했는데 겨우 독자 한두 명이 편지를 보낸 것 외에는 아무 일도 일어나지 않아 무척 놀랐다고 했습니다. 이런 일은 우리의 관심에서 벗어나 있는 것입니다.

저는 폭력을 지지하지 않지만, 어떤 반항적인 자들이 사람 한두 명을 죽이면 "끔찍하다, 야만적이다!" 하면서, 지금 현재 많은 나라에서 벌어지는 이런 일들에 무관심한 것은 어떻게 설명할 것입니까? 이런! 우리가 단지 모든 것을 일상적으로 움직여가기 위해 얼마나 엄청난 양의 폭력이 필요한지 인지하고 있습니까? 내게는 이것이 문제입니다. 그리고 명확하게 하기 위해 부연하자면, 저는 아랍이나 기타 근본주의자들의 테러를 끔찍하다고 여깁니다. 저는 아랍이나 팔레스타인이 고통받았기 때문에 이스라

엘에 테러를 좀 해도 된다거나 반유대주의적인 생각들을 용인해도 된다는 멍청한 좌파가 아닙니다. 안 됩니다. 저는 절대로 이런 것을 용인하지 않습니다. 제가 말하고자 하는 것은, 여러분이 폭력에 관해 이야기할 때는 정직해지고, 존재하는 모든 폭력을 보라는 것입니다. 특히 보이지 않는 폭력들을 말입니다.

짐바브웨를 예로 들까요. 짐바브웨가 공포에 휩싸이게 된 게 언제부터입니까? 저는 무가베•를 전적으로 반대합니다만, 그의 집권당이 백인 농부들을 몰아내기 시작할 때부터입니다. 하지만 짐바브웨에는 이미 그전부터 흑인 그룹들 간에 극심한 테러가 있었습니다. 1980년대 말 무가베가 정권을 잡은 직후, 그는 도시 전체에 해당하는 인구인 반대파 1만 명을 죽였습니다. 서구 사회는 여기에 침묵으로 일관했습니다. 그런데 그 후 100~200명 정도의 백인 농장주들을―심지어 죽인 것도 아니고―몰아내기 시작하자 큰 반향이 있었지요. 그런 행위에 찬성하는 것이 아니라 존재하는 모든 폭력을 보자고 말하는 것입니다.

• Robert Gabriel Mugabe(1924. 2. 21.~) 1970년대 소수 백인 정권을 상대로 게릴라전을 펼쳐 독립을 일궈낸 투사로, 1987년부터 총리제를 폐지하고 대통령이 되면서 현재까지 계속 집권해온 아프리카의 최장수 집권자이다. 2000년 토지재분배 계획을 강행하면서 백인 농장주가 소유한 토지를 몰수, 백인 주민과 서방 국가와 마찰을 빚어왔다. 경제난과 국제 사회와의 불화가 계속되면서 무가베는 서방 언론들로부터 아프리카의 민족주의 지도자라는 평판보다는 장기 독재자란 칭호가 따라붙었으며 국내 반정 세력의 불만도 증폭되기 시작했다.

역사의 광기에
대하여

Q. 교수님이 사유하는 방식에 대단히 감동받았습니다. 제 질문은 이것입니다. 무엇이 교수님을 그렇게 사유하도록 만들었습니까?

무엇이?(웃음) 여러 사람의 내가 있습니다. 웃기는 농담을 하는 나와 생태학에 관해 이야기하는 나 등. 일반적인 대답을 드린다면 저는 그저 운이 좋았던 것 같습니다. 저는 공산주의 국가 중에서도 유연한 나라에서 태어나는 행운을 누렸습니다. 우리는 두 세계 사이에 있었습니다. 경계선이 완전히 열려 있었죠. 우리는 동유럽 공산주의나 스탈린주의에 대한 아무런 환상이 없었지요. 여하튼 그 일부였으니까요. 동시에 우리는 서방에 대해서도 아무런 환상이 없었습니다. 우리에게 공산주의의 몰락은 '오, 이런! 이제 우리도 바나나와 포르노를 살 수 있겠구나!' 하는 거대한 이벤트가 아니었습니다. 포르노는 이미 80년대 초에 자유화되었고, 공산주의 시대에 오히려 그 이후보다 더 많은 포르노가 있었습니다.

이것이 하나의 행운이었고, 다른 하나는 내가 아직 젊은 학생이었을 때 슬로베니아에서는 하이데거학파와 프랑크푸르트학파 사이에 중요한 이론적 갈등이 있었습니다. 프랑크푸르트학파는 공식적인 철학의 주류파였고, 하이데거학파는 소수파였습니다.

그러다 기적이 일어났습니다. 새로운 프랑스식 사유가 폭발한 것이었습니다. 소위 구조주의와 후기구조주의죠. 우리 젊은 세대는 대단히 놀랐습니다. 천적이어야 할 하이데거학파와 프랑크푸르트학파가 이 프랑스 구조주의에 함께 분노하고 아주 폭력적으로 반응했기 때문입니다. 그들은 전적으로 같은 언어를 구사했지요. 우리가 그때 적용한 생각은 서로 적인 사람들이 같은 언어를 사용해 비난한다면 그것이야말로 진정한 '제3의 길'이라는 것이었습니다. 저는 운 좋게 거기 있었습니다.

더 운이 좋았던 것은 이것입니다. 국제적 커리어를 가질 수 있던 것에도 감사하지만, 가장 큰 감사는 아무래도 공산주의의 압제에 돌려야 할 것 같습니다. 1973년 석사학위를 마치고 조교수로 직장을 구하려 하고 있었을 때였습니다. 공산주의자가 잠시 권력을 되찾았고, 그 4년간을 무직 상태로 있었는데 그다지 어려운 시기는 아니었어요. 부모님이 도와주셨으니까. 그러다가 한 조사 기관에서 일하게 됐지요. 완전히 자유로운 일이었습니다. 정말 아무것도 안 했습니다. 그 기관은 지금도 거기서 말 그대로 아무것도 안 하고 있습니다. 그저 약력이나 서류 같은 것을 보내는 일만 합니다. 그들이 관심을 갖는 게 그거거든요. 여기에 역설이 있습니다. 사람들이 '만약 공산주의 압제가 없었다면 당신은 지금 무엇을 하고 있을까?'라고 물으면, 저는 정확하게 알고 있습니다. 슬로베니아의 그저 그런 지방에서 멍청한 철학 교수가 되어 있겠죠. 이것이 역사의 광기입니다.

의심하고
사유하라

Q. SNS와 지식인의 역할에 대해 여쭤보겠습니다. SNS 때문에 일반인의 경우에도 지식인이 될 수 있는 경우가 많고, 여러 가지 콘텐츠를 유용하게 이용할 수 있기 때문에 노출될 수 있는 환경이 많은데요. 일반인의 입장에서는 이 사람이 진실을 말하고 있는 건지, 정말 알고 있는 건지, 혹은 커리어를 위해서 이런 퍼포먼스를 하는 건지 식별하기가 굉장히 어렵습니다. 일반인으로서 할 수 있는 선택의 기준이 있다면 어떤 게 있을까요?

저도 인터넷을 사용하지만 모든 다른 미디어에 두려움을 느낍니다. 스카이프는 이미 싫어합니다. 왜냐하면, 스카이프는 비디오라서 상대방을 볼 수 있기 때문에 거짓말하기가 어렵습니다. 내 커뮤니케이션의 대부분은 거짓말이거든요.(웃음) 초대받았는데 가기 싫으면 거짓말을 해야 하니까요. 페이스북은 내겐 완전히 시간 낭비입니다. 내 이름을 건 두세 개의 페이스북 계정이 있지만 모두 나를 사칭하는 다른 사람들입니다. 저는 이런 것을 하지 않습니다. 이런 부분에서 보자면 저는 극단적으로 전통적입니다. 팝뮤직도 마찬가지입니다. 내게 록은 1965년에 시작되어 1975년에 끝난 무엇입니다. 그 이후의 모든 것, 이를테면 마이클 잭슨 등등은 내게 존재하지 않습니다.

이것이 첫 번째 요지이고, 두 번째는 어떤 보장도 없다는 것입니다. 특히 철학에서 그렇지요. 아마도 과학에서 얻을 수 있는 최소한의 객관적 방법론도 얻지 못하는 분야가 이 분야일 것입니다. 당신이 완전한 바보이고 철저한 허풍쟁이라 하더라도 여전히 철학에서는 커리어를 쌓을 수 있습니다. 따라서 문제는, 더욱 의심해야 한다는 것입니다. 저처럼 '이건 심각하고, 이건 이렇게 가야 하고……' 운운하는 사람만 의심해서는 안 됩니다. 지루하고 과학적인 책들이 허풍을 더 떨고 있을지도 모릅니다. 여기에 안착하는 방법은 단 한 가지입니다. 아무도 믿지 않는 것입니다. 이 철학자는 허풍쟁이고 저 철학자는 진지하다는 것을 알려줄 철학적 가이드 따위는 없습니다. 아무도 믿을 수 없습니다. 우리 철학자들은 끔찍합니다. 분석철학자들은 소위 대륙철학 전체가 허풍이며 끝났다고 주장합니다. 프랑크푸르트학파 같은 특정 대륙철학자들은 내가 음란하다고 생각합니다. 내 이름을 발음하는 것조차 싫어하죠. 내가 무슨 생각을 하는지 언급조차 못하게 해요. 그러니 이건 완전히 미친 상황이고 여기에 지름길은 없습니다. 과학은 내가 너무 멍청해서 양자역학을 완전히 이해하지 못하기 때문에 대중적인 입문서를 읽었어요. 그렇지만 철학은 비록 약간의 좋은 입문서가 있긴 하지만 공정하면서도 종합적인 지도를 그려주는 '이것은 좋고 이것은 나쁘고 저것은 무시해라'라고 하는 그런 좋은 입문서는 본 적이 없습니다. 슬픈 상황입니다.

이른바 '보통 사람들'ordinary people에게―저는 이 용어를 퍽 명예로운 의미로 쓰지만―이것은 매우 어려운 상황입니다. 당신이 가진 유일한 것은 당신 자신의 정신입니다. 여기에 지름길은 없습니다. 심지어 저조차도, 당신이 내게 "당신 좀 수상해!"라고 말한다면, 그래서 이를테면 좀 흥미로운 아이디어들이 곳곳에 있지만 농담이 너무 많고 자기가 무엇을 말하고 있는지 모른다는 사실을 농담으로 숨기려 한다는 의심을 받을 수 있죠. 네, 제가 할 수 있는 유일한 말은 '예스!'입니다.

그런데 여기서 제 이야기만 듣고 나면 의심을 가질 수 있습니다. 유일한 방법은 크고 두꺼운 책을 보는 것입니다. 쉬운 것들 말고, 《시차적 관점》Parallax이나 《부정적인 것과 함께 머물기》Tarrying with the Negative 같은 책들을 보십시오. 지름길은 없습니다. 이것이 철학의 좋은 점입니다. 무엇이 좋고 아닌지를 말해 줄 사람을 구할 방법은 없습니다. 당신은 길을 모릅니다. 당신은 혼자입니다.

6부 지젝 서울 드로잉
Zizek Seoul Drawing

임민욱

2005년에 그가 만든 비디오 작품 〈뉴타운 고스트〉New Town Ghost는 재개발 계획이라는 이름하에 혹독하고도 숨 가쁜 변화를 겪고 있는 영등포 지역에서 펼쳐진 도전적 프로젝트였다. 확성기를 든 젊은 여성 래퍼가 드러머와 함께 트럭을 타고 돌아다니며 작가가 써준 새로운 쇼핑몰과 주택단지, 신지식 경제에 대한 글귀를 낭송한다. 마치 '번영의 유령'Ghost of Progress에게 명령을 받은 존재처럼 떠벌이거나 탄식하면서.

임민욱의 작품들은 우리가 흔히 예술이라고 부르는 영역에 비스듬히 걸쳐 있거나 때로는 그곳을 완전히 벗어나 있는 듯한 인상을 준다. 정해진 코스를 벗어나 졸업을 포기하고 파리로 옮겨간 뒤 그곳 작가들과 제네럴 지니어스General Genius라는 예술가 집단을 조직, 약 3년 동안 그들과 협업을 통해 여러 경계를 넘나드는 급진적 실험을 하며 살았던 때문만은 아닐 것이다. 소위 정치예술의 맥락에서, 작가는 '지금, 여기'의 정치 사회적 현실과 일상적 삶에 개입한다.

그러나 미술을 사회 변혁, 이념 구현을 위한 혁명적 도구로 사용했던 과거의 정치예술가들과 달리, 그는 미술적 상상력과 창조력으로 정치예술의 미학화를 추구하는 한편, 끊임없는 회의와 자기성찰로 현대문명의 모순, 사회적 불화, 역사적 상실감, 잃어버린 기억, 인간소외에 대한 비판과 공격을 내면화한다.

지젝과의 만남은 그에게 또 다른 전도체로써의 실험예술이었다. 글로벌 신자유주의 체제하에서 형성·발달된 금융 자본주의, 소비주의에서부터 현대의 정치 사회적 모순까지, 예술실천과 정치학의 관계를 다시 '처음처럼' 질문하는……. 그의 작업은 '지금, 여기'에서 새로운 시대로 이행하고 있다.

두 명의 히키코모리

뜻밖의 전화 한 통을 받았다. "임민욱 씨, 지젝과 예술에 대해 인터뷰 좀 해줄 수 있어요?" 인터뷰란 종이 한 장과 연필 한 자루면 시작할 수 있는 드로잉처럼 지젝을 그려달란 말이겠거니 생각하고 응했다. 실수로 떨어뜨린

먹물이 제멋대로 가지를 뻗고 그림을 그리면 시선은 또 다른 골격을 세우고 가뿐한 단순성을 통해 근원을 찾아 나서기도 한다. 이 글은 그렇게 반은 흡수되고 반은 겉돌면서 드로잉이 되는 시간을 따라갔던 나의 시청각 스케치이다.

이택광 씨는 2012년 초 광주비엔날레가 주최하는 〈윤리로서의 자기조직화〉라는 워크스테이션에 함께 발표하면서 처음 만났다. 문화비평을 한다지만 그는 예술에 관해 관심이 많았고 대중적 소통을 위해 적극적으로 움직이고 있었다. 그만큼 동시대 미술과 내 작업에 거는 기대도 커 보였다. 그래서였는지 학계와 관계없는 미술가를 지젝과의 만남에 포함시켰다. 한 층 더 '바깥'의 시선으로 지젝의 방한을 증언하려는 그의 아이디어는 독보적이면서도 예술적 기획으로 여겨졌다. 그래서 나는 예전에 했던 〈가리봉동 투어〉와 같은 대안 관광 프로젝트를 떠올리곤, 서울의 관광객 지젝을 안내하고 거기서 나오는 대화가 일종의 철학적 관광 가이드북이 되는 것을 상상해 보았다. 하지만 그 생각은 지젝을 직접 만나기 전까지 나만의 환상이었다. 지젝과 아들은 히키코모리에 가까웠고 나는 일체의 기념촬영도 퍼포먼스 같은 것도 하지 않았다. 나는 지젝이 방한한 일주일간 서울의 택시운전

사가 되었고 지젝 드로잉은 그렇게 타격과 하강의 기쁨에 몰입시키는 그림으로 미끄러져 나갔다.

히틀러의 페니스

6월 24일, 지젝을 마중하러 공항으로 나갔다. 후원업체 카메라가 여러 대 기다리고 있었다. 입국장 문이 열리자 연예인이나 정치인 입국 장면처럼 익숙한 장면이 연출되었다. 지젝은 아들과 동행했고 꽃다발이 전달되었다. 내 차로 발걸음을 옮기는 동안 그는 벌써부터 그 특유의 농담과 진담을 뒤섞어 펼치고 있었다. 존 그레이가 이틀 전 〈뉴욕타임스〉에 기고한 《Less than Nothing》의 리뷰에 자극받은 모양이었다. 서울을 향한 고속도로로 진입하며 속력을 냈다. 어떠한 해석에도 저항하는 예술이 기념비로 요구되면 바로 상징계에 거덜 나버리며 예속된다. 아니나 다를까, 공항 출입구 근처 거대한 조형물을 보자마자 그가 물었다. "히틀러의 페니스가 왜 저기 있는 거지?" 지젝의 편집적 농담을 곁들인 철학과 정신분석 강의를 듣는 호사를 누리게 된 나의 '포르테'는 깔깔거리며 주행을 시작했다.

달구어진 트위터 타임라인

6월 25일, 주요 일간지의 취재·경쟁을 지켜보게 되었다. 지젝은 미디어를 장악하고 있었다. 나는 진보신당 홍세화 대표와 지젝의 인터뷰가 진행되는 동안 아들을 돌봐주려 했다. 그러나 열세

살 아들은 자고 있었다. 작업실이 호텔에서 아주 가까워 자연스레 '기사 대기'를 했다. 지젝이 뜬 서울의 대기는 서서히 불안정하게 느껴지기 시작했다. 아들은 아버지가 잃어버린 자신의 삼성 스마트폰 배터리 구입에 여행 목적의 의미를 두고 있었다. 서울 방문 사전조사를 마친 아들에게 대한민국은 전자천국이었다. 삼성타워와 홈플러스를 보고 싶어 했다. 게임을 좋아했고 K-POP은 모른다고 했다. 밤새워 세 편의 영화 정도는 거뜬히 보는 듯했다. 지젝은 불법 DVD를 어디서 구입할 수 있는지 물었다. 이택광 씨는 가끔 목청을 높이기 시작했다. 쌍용차 해고노동자 대한문 분향소 방문을 둘러싸고 '그가 대한문에 온다, 안 온다'가 트위터 타임라인을 달구었다. 지젝을 둘러싼 과다한 보도 경쟁과 후원업체로 촉발된 트위터상의 논쟁들, 내 일정에도 불똥이 튀기는 걸 뒤늦게 깨닫고 있을 즈음이었다. 드로잉은 먹물처럼 스멀거리며 번져갔다.

비무장극장 유람

6월 26일, 지젝이 임진각인지 판문점인지 정확히 어디를 보고 싶어 하는지 잘 모르는 채 일단 홍세화 선생과 지젝 아들, 꾸리에 출판사 일행을 태운 9인승 승합차가 출발했다. 지젝과 불어로 대화를 나누던 나는 예술에 관해 우연히 열띤 논쟁을 벌이게 되었다. 지젝은 예술에 대해 상당히 회의적이었다. 대화 중 나는 시가 세상을 밝힐 것이라 믿는다고 말했고 예술이야말로 세상에 질문을 던지는 감각의 주체로 깨어있게 만든다고 했다. 그러자 지젝은 시인들이야말로 가장 먼저 파시스트들의 앞잡이 노릇을 했으며 예술의 비결정성은 기회주의의 원동력이었다고 지적했다. 고문의 순간에도 시인들은 타인의 고통을 묘사하는 데만 정신을 판다고 했다. 나는 예시가 지나치게 과장되었다고 했고 "그럼 당신은 'Le Sang!'(피!)만이 세상을 바꾼다고 믿느냐" 되물었다. 그때 서로 웃지 말았어야 했는데 대답은 물론 웃으며 "예스!"였다. 우리의 대화는 그렇게 얼버무려졌다. 그즈음 차창 밖으론 철조망 강변 풍경이 펼쳐졌다. 한강을 임진강이라고 안내하기도 하는 등 서로 잘 모른 채 남북한 분단 관광은 그렇게 시작되었다. 통일전망대에 먼저 들렀고 아들은 북한 선전마을을 망원경으로 보는 것만으로는 시시했는지 땅굴을 보고 싶다고 했다. 우리는 결국 DMZ 관광코스를 결정했다. 임진각엔 〈누가 이 사람을 모르시나요〉가 흐르고 있었고 북한 돈을 달러로 팔고 있었다. '철마는 달리고 싶다' 옆에서 중국인들을 가득 태운 버스가 땅굴로 출발했다. 지젝은 중공군 개입에 대해서도 잘 알고 있었다. 이데올로기 관광버스는 검문하는 헌병도, 마이크를 들고 안내하는 운전기사도 긴장 체험을 원하는 관광객들을 위해 옅은 퍼포먼스를 하고 있었다. 여하튼 '비무장극장' 유람은 지젝에게 텍스트의 원체험 같은 것을 제공했을 것이다. 나는 짧은 실력의 역사 가이드를 피하며 한국의 이방인이 되어, 보이지 않는 실재의 경계선을 찾아 무성한 나뭇잎만 뚫어져라 쳐다봤다. 도착한 땅굴도 일종의 '버티컬 씨어터'Vertical Theater였다. 지젝의 코멘트들이 쏟아졌다. 북한 사람들은 난쟁이거나 머리가 나쁘거나, 그렇게 낮은 천장을 뚫어서 어떻게 두 시간 만에 2만 병력을 통과시킨다는 건지 누가 거짓말을 하는 건지 농담 반 의문 반을 쏟아냈다. 수박바와 코카콜라 제로로 식사한 지젝은 점점 땀으로 뒤범벅되어 가고 있었다. 땅굴 속 지젝은 상태가 안 좋아 보였다. 서울로 돌아오는 자유로 고속도로, 지젝 아들은 갤럭시로 수백 명을 총질하고 있었다. 우리 승합차가 남산 쪽으로 올라갈 무렵 확성기를 장착한 채 반복해서 구호를 외치며 따라붙는 차량이 있었다. 준엄한 노인들의 얼굴이 차창 안으로 보였고, 그들은 "몰아내자 공산당, 때려잡자 공산당"을 외치고 있었다. 우리는 웃을 수밖에 없었다. 지젝은 그다지 웃지 않았다. 대한민국의 지젝 드로잉 바탕색은 열 받은 붉은 대기로 차츰 변해 갔다.

지젝이 뭔데?

6월 27일, 경희대 평화의 전당으로 향하는 날이었다. 짝퉁 전통 건축물이 입구에 세워진 한약재시장을 지날 때, 황금빛으로 빛나는 롯데캐슬을 지날 때, 그의 한 마디 한 마디는 도착하는 날부터 끊임없이 쏟아내던 관찰이 자신의 이론을 확인사살 하듯 짜맞추어 졌다. 오래전 읽었던 송두율 교수의 짝퉁에 관한 칼럼이 떠오를 즈음 지젝은 북한을 드나들었던 한국의 지식인 이름을 물었다. 지젝의 한국에 관한 사전 조사는 북한과의 관계에 초점이 맞추어져 있었다. 신기한 것은 질문과 대화의 지속 여부가 자유주의자냐 하버마스의 제자냐 같은 데서 마감된다는 사실이었다. 역시 짝퉁 신전처럼 보이는 캠퍼스를 지나 지젝을 총장실로 긴급 호송했다. 나는 기다리는 동안 지젝을 태운 내 차

바깥세상을 검색했고, 그의 방한에 대해 쏟아지는 비난의 화살과 엄청난 관심을 보았다. 그의 이론과 사상에 관한 논쟁만 빼고 '지젝이 뭔데? 니가 지젝을 알아? 지젝이 별거냐?'로 세상은 정말 시끄러웠다. 전체주의적 사고와 별반 다를 게 없어 보였다. 주로 순수와 진정성에 관한 트집들이었다. 대놓고 하는 인문학계 말싸움은 예술계 '뒷담화' 문화보다 훨씬 '앞담화'였다고나 할까. 자유주의자들은 그가 진짜 '위험한 철학자'라면 체포해야 한다는 등 비아냥거렸고, 정통학계는 그를 진중치 못하다고 비난했다. 평화의 전당에는 3,500명이 넘는 청중이 모여 있었다. 시커먼 경호원 복장을 한 사람들의 안내와 함께 전당 문은 열리고 "지젝 선생님께서 입장하고 계십니다"라는 부드러운 멘트가 퍼졌다. 일순간 '실재의 사막에 오신 것을 환영'하는 박수와 지미집 카메라의 우아한 안무가 생중계하는 대형 스크린을 향해 지젝은 걸어 들어갔고 매트릭스가 펼쳐졌다. 강연 내용은 전공자들이 '신상털기'를 이미 마쳤을 테니 나는 무드만 전하는 무능의 그림이다. 여하튼 강연은 영화 속 커피 농담으로 시작해서 스타벅스 철학자를 의심하는 청중의 질문으로 끝났다.

서둘러 강연장을 나섰는데도 지젝은 이미 내 차 안에 타고 있었다. 어떻게 열었는지 의아해할 새도 없었다. 그는 아들을 연신 외치며 호텔 직행을 부르짖었다. 운전 중 달을 쳐다보느라 살짝 길을 잃었고 나는 〈미드나잇 인 서울〉을 운전하는 마부였다.

친절한 지젝씨

6월 28일, 〈일하는 사람들의 공동선을 위한 소명〉이라는 제목으로 건국대에서 강연이 열렸다. 일파만파 지젝의 내한에 관한 뜨거운 관심 때문에 예정에 없던 기자회견이 열렸다. 까칠한 지젝은 기자만 보면 '친절한 금자씨'가 되었다. 강연의 요지는 글로벌 자본주의가 초래하고 있는 이데올로기의 총체적 모순에 관한 것과 자본주의자는 원래 쾌락적 이기주의자가 아니다, 공리적 이기주의를 환기하자는 것으로 끝났다. 한국의 국보급 논객 진중권씨의 스마트한 질문이 이어졌고 지젝의 스타성에 기죽은 한 젊은 예술가의 수줍은 질문, 차를 타려는 지젝에게 러시아 말을 하며 다가와 한 번만 안아 봐도 되겠냐는 어떤 여자의 해프닝을 뒤로하고 내 차는 다시 달렸다. 만석을 이룬 강연장 입장이 지체된 탓도 있었지만 본인이 시간을 초과해가며 열정적 답변을 하는 바람에 불쌍한 아들은 호텔방을 지키며 게임만 하고 있었기 때문이다. 그 심정을 아는 나는 거의 소방차 수준으로 달렸다.

불의 절벽, 대한문

6월 29일, 아들과 단출한 한국 여행이길 바랐던 지젝을 모시고 내 작업실에서 한 시간 인터뷰 일정만 남겨둔 날이었다. 하지만 진보신당과 미디어의 간절한 요청이 있었다. 샌델이 스쳐 간 대한문 분향소에서 지젝이 월가 점령 시위 때 한 연설 퍼포먼스 같은 것을 해주길 바랐다. 이택광 씨와 나는 '호수의 흑조'가 되어서 그의 대한문 방문을 설득했다. 내 작업실은 안와도 된다고 했다. 어차피 나도 내 작업실에서 인터뷰하는 것이 무의미하다고 생각했기 때문이다. 한편으로는 나의 장소특정적 퍼포먼스 〈불의 절벽〉을 머릿속에 떠올리고 있었다. 지젝을 대한문 앞으로 안내했다. 카메라와 기자들 수십 명이 에워싸자 지젝은 "나를 거리낌 없이 활용하라!"고 외쳤다. 용기와 희망의 메시지는 물론 예정된 시간을 훨씬 넘기며 지젝은 향을 피우고 절까지 따라 했다. 차로 이동하며 대화할 때는 "무엇을 하느니 차라리 거부하라"며 허먼 멜빌의 《필경사 바틀비》 얘기를 꺼내고, "공동선이 웬 말인가, 차라리 피로 혁명하자"는 농담을 날리던 그였지만 막상 약자들 앞에 서면 연대와 희망의 사도가 되었다. 다음 인터뷰에서 알 수 있듯이 난 염세주의는 냉소주의의 아버지라 생각했었다. 하지만 지젝은 희망과 같이 가는 것이라 답변했다. 그의 겉과 속이 이해되기 시작했다. 그에겐 겉과 속이 없었다. 삶 자체에 충실했다. 그의 철학이 실존주의와 유사해 보이고 때로는 소진하는 사랑의 세레나데와 혼동되던 이유였다.

　5미터를 옆으로 움직여 나와의 인터뷰를 다시 시작했다. 그 옆에서 북소리, 나팔소리, 수문장 교대식 재현은 웃지도 울지도 못할 장면을 만들어 내고 있었다. 그 예술 때문에 나는 더욱 예술에 관해 질문하지 않았다. 오히려 쌍용차 투쟁 대한문 분향소라는 장소의 맥락을 반영하고 죽음과 공동체, 연대와 선택에 관한 질문들을 던졌다. 감각적 민주주의를 갈망하는 내 작업들과 무관하지 않았기 때문이다. 그 가운데 장소특정적 퍼포먼스 〈불의 절벽〉 시리즈는 제거된 목소리와 어둠 속 공간들을 열어젖히고

있다. 대한문 앞에서 이루어진 지젝과의 인터뷰는 오늘날 신자
유주의의 폐해와 부조리를 〈불의 절벽〉 위로 올려보내고 싶었던
나의 필연적 장소 선택이어야 했다. 하지만 막상 나는 카메라에
짓밟혀 먼저 세상을 등진 쌍용자동차 정리해고 노동자들에게 분
향도 못하고 떠났다. 떠밀려 자살을 택하고 말았던 노동자들이
이제는 좋은 착지를 꿈꾸며 추락을 멈추고 비상하기를 바란다.

지젝의 마지막 농담

6월 30일, 공항으로 지젝을 모셔다 드리는 날이다. 약속한 대로
쌍용차 해고 노동자들이 선물해 준 티셔츠를 입고 그는나타났
다. '함께 살자! 함께 웃자!' 슬로건은 쫄티가 되어 더욱 공감할
수 있도록 도왔다. 붉게 열 받은 대기가 장맛비로 바뀐 아침이었
다. 거센 빗줄기가 들이치고 와이퍼가 바삐 움직이자 히치콕 감

독의 〈싸이코〉 음악이 귓가에 맴돌았다. 인천공항 전용도로 주행 중 차 사고를 발견하자 가차 없이 찌그러진 차를 보며 아들은 싸늘한 한마디를 던졌다. 그는 아버지의 '미친 존재감' 때문인지 아버지를 빼닮은 음담패설과 농담으로 언제나 한 수 위를 점령하려고 했다. 아버지는 그를 영화 〈오멘〉에 나오는 악마 자식으로 비유하며 사랑스러워 미치겠다는 눈치였다. 대화 도중 군대 시절 훈장도 받았다는 아버지 지젝의 과거 자랑에 들어서자 아들은 그 말이 진짜냐며 급 존경모드로 전환했다. 지젝은 군대 생활 동안에 헤겔을 완독한 모양이었다. 언제나 아들에게 의견을 묻던 지젝은 마음 약한 아버지였다. 미끄러지듯 공항에 도착했다. 후원업체에서 촬영팀이 또 쫓아오고 있었는데 내가 너무 빨리 달렸단다. 그들을 기다릴 수는 없었다. 작별인사를 건넸다. 핸드폰으로 처음 기념사진을 찍었다. "할아버지, 손자, 어머니 사진이 되겠다"는 지젝의 마지막 농담을 끝으로 이택광 씨와 나는 서울로 다시 향했다. 지젝 쓰나미가 휩쓸고 간 뒤의 심정이었던 걸까. 서로를 격려하고 위로하며 헤어졌다. 지젝은 돌아가자마자 다음 책은 예술에 관한 것이 될 것이라고 알려왔단다.

지젝 쓰나미, 그 후

글쓰기도 일종의 리듬을 타는 틱처럼 나오는 걸까. 벌써부터 지젝의 틱이 착착 다가오듯 느껴진다. 나는 그가 용량이 특수하고 반복하는 기계를 닮았다고 생각했지만 고장 난 기계, 아픈 천재로서의 지젝도 보았다. 롯데캐슬 같은 곳에 살고 싶다던 지젝, 오래전 파리에서 아무 말 안해도 됐던 몇 시간이 가장 행복한 시절이었다던 사람, 그가 내년 서울에 다시 온다면 우리는 어떤 민주주의를 향유하고 있을까. 그가 열망하는 새로운 공산주의의 기획을 보여주게 될까. 아니면 여전히 할 수 없이 '흥미로운 시대'를 살아가고 있을까. 이 글/드로잉은 지젝의 서울 여정마다 여전히 불가능성으로 매듭을 지은 용수철에 매달려 있다. 이 만남은 전문가, 지식인, 정치인, 예술가들 통상적으로 끼리끼리 대화하는 일에 다른 접합을 감행했던 시도였고 내겐 방향의 상실감으로 돌아왔지만 그것이 드로잉의 본질이다. 영원한 회귀를 의지로 밀어붙여야 하는 드로잉은 그래서 돌도 나르고 어떤 단면을 드러내기도 한다. 다음의 인터뷰에서 지젝이 돌이켜 가라사대, 예술은 자유를 위한 내면적 공간을 열어줄 수 있기에 정치적인 동기를 부여할 수 있다. '깨어남을 선사하는 예술'을 믿고, 희망과 같이 가는 염세주의자와의 대화가 '오래된 반가움'으로 귀환하기를 바란다.

7부 **무엇을 선택할 것인가**

Friday, June 29, 2012

대한문 쌍용자동차 희생자 합동분향소

당신이 아프면
나도 아프다

임민욱 방한 기간 동안 저는 당신의 택시운전사이자 관찰자였습니다. 한국에서 당신은 열정적으로 일정을 소화했고, 언론에서도 폭발적인 반응을 보였는데, "진정한 이기주의자는 스스로의 선을 챙기느라 너무 바빠 다른 이들에게 불행을 야기할 시간이 없다. 악인의 가장 주된 악덕은 바로 그가 자신보다 다른 이들의 생각에 더 정신이 팔려 있다는 점이다"라는 당신의 발언이 한국 언론에 가장 많이 인용되기도 했습니다.

지젝 사람들은 보통 "우리는 너무 이기주의자이다"라고 비판하곤 합니다. 남이 아니라 우리 자신에게 관심을 너무 많이 갖는다는 것입니다. 그러나 이런 생각은 틀렸습니다. 자본주의가 어떻게 작동하는지 살펴보면, 그런 생각은 착각에 불과하다는 것을 알 수 있습니다. 회사 운영자들을 살펴보면, 이들이 결코 자기 자신에게 관심을 많이 가진 것이 아니라는 사실을 알 수가 있지요. 이들은 하루에 15시간 이상 일하기도 합니다. 이런 의미에서 우리는 '건강한 이기주의'를 추구해야 하는 것인지도 모릅니다. 우리는 엄청난 관념들을 빌려 올 필요가 없습니다. 우리에게 필요한 것은 어떻게 정말 우리 자신을 위해, 또는 아이들을 위해 유익한 일을 할 것인지 생각하는 것입니다. 자본주의는 결코 이기주의적인 체계가 아닙니다.

임민욱 그런 의미에서 악인에 대한 당신의 언급이 가장 많이 인용되었던 이유가 '자기애를 강화하는 것이 정당하다'는 한국식 자기계발의 논리 때문이 아닌가 싶은 것입니다. 이런 측면을 고려했을 때, '건강한 이기주의를 강조하는 입장에서' 연대라는 것은 무엇인지, 어떻게 가능할지 다시 한 번 묻고 싶은데요.

지젝 제가 자기 자신에 대해 생각하라고 했을 때, 그 의미는 나르시시즘에 빠지라는 것이 아니었습니다. 자기계발은 오늘날 우리 문화를 점령하고 있습니다. 자신의 잠재력을 발견해서 더 나은 개인으로 발전하라는 것인데, 이런 자기계발은 지금 우리가 경험하고 있는 문명의 특징적 일부이기도 합니다. 이론적으로 훨씬 복잡한 주장이긴 하지만, 이런 방식으로 자기를 돌보는 것, 예를 들어 내가 어떻게 남에게 보일지 신경 쓰는 것이라든가, 매일 조깅을 하면서 체력을 단련한다든가 등등, 이 모든 것들은 궁극적으로 강제된 모델을 따르는 행위입니다. 말하자면, 자기계발은 자기 자신의 욕망을 따르라는 것이 아니라, 사회가 요구하는 것을 따르라는 것입니다. 남들이 보기에 멋있게 보이도록 하라는 것입니다. 이런 점에서 불교가 너 자신을 버리라고 이야기하는 것에 일정하게 동의합니다. 너 자신에 대해 잊어버리라는 것은 사회에서 만들어진 자기 자신을 버리라는 것이니까.

연대와 관련해서는, 당신을 위해 너무 많이 희생하겠다고 하는 사람을 주의하고 조심해야 합니다. 진정한 연대라는 것은 남을 위해 자기 자신을 희생하는 것이 아닙니다. 진정한 연대라는 것은 당신이 아프면 나도 아프다는, 그 하나가 되는 연결된 감정에서 가능한 것이죠. 오늘날 미디어가 말하는 연대라는 것은 돈을 기부하라거나, 아프리카에 있는 굶주리는 아이들을 도와달라는 식의 사이비 연대입니다. 이런 사이비 연대는 아무것도 바꾸지 못하고, 다만 우리가 좋은 일을 하고 있다는 위안을 줄 뿐이죠. 이것이 바로 스타벅스 커피가 하고 있는 일입니다. 커피 한잔을 사면 그 이윤의 1퍼센트가 소말리아에 있는 배고픈 아이들에게 간다는 식으로 광고를 하고 있는 것입니다.

좋은 이기주의를
실천한다는 것

임민욱 지금 우리가 와 있는 현장은 쌍용차 합동분향소로, 이 분향소가 차려진 이유는 많은 해고 노동자들이 자살을 선택했기 때문입니다. 이번에 당신과 자살에 대해 대화를 나눈 적이 있는데, 이와 관련해서 자살에 대한 당신의 생각을 여기서 다시 들어보고 싶습니다. 이런 이야기를 하는 까닭은 작년 한국에서 김진숙 씨를 돕기 위해 발생한 '희망버스' 운동이 일정한 성과를 거두면서 분향소를 설치해 비슷한 기획을 시도하고 있는 것 같기 때문입니다. 그러나 연대를 위한 공감의 매개로 자살을 추모하는 행위는 당신이 평소에 이야기하고 있는 것과 상반되는 것처럼 보이기도 하는데, 이에 대해 어떻게 생각하는지요?

지젝 먼저, 자살에 관해 이야기하자면, 다양한 종류의 자살이 있을 수 있겠죠. 하나의 자살이 여러 가지 의미를 가질 수 있습니다. 예를 들어, 절망에서 탈출하기 위해서 자살하는 경우가 있을 텐데, 이런 경우는 자신의 환경을 더 이상 통제할 수 없기에 절망적인 상태에서 자살을 하는 것입니다. 다른 사람들을 깨우는 메시지를 포함한 자살이 있을 수 있습니다. 반전 메시지를 전달하기 위해 분신하는 자살이 여기에 해당하죠. 또한 남에게 죄책감을 주기 위해 자살하는 경우도 있습니다. 이런 자살은 다른 사람을 다치게 해서 자신의 즐거움을 취한다는 점에서 위선적입니다.

이런 맥락에서 내가 말하는 좋은 이기주의를 실천하는 사람들로 작가나 예술가들을 들 수 있을 것입니다. 이기주의의 문제에서 이들의 실천을 따르는 것이 좋다고 봅니다. 예술이 없다면 예술가는 아무런 삶의 의미를 찾을 수 없을 것입니다. 예술가들뿐만 아니라, 평범한 사람들도 그렇습니다. 어떤 이가 나무를 깎아서 무엇인가 만드는 일에 열중하는 것을 상상해 보십시오. 그가 자신이 하는 일에서 삶의 의미를 찾는다면, 누가 그것을 과소평가할 수 있겠습니까? 자신의 꿈을 추구하고 그것과 자기 자신을 동일시한다면, 그것이야말로 좋은 이기주의이고 이런 일을 할 수 있는 곳이 좋은 사회입니다. 이런 일을 할 수 없어 고통받는 사회라면 정말 끔찍할 것입니다.

좋은 이기주의는 나 자신에 관한 것이 아니라, 내가 해야 한다고 느끼는 것을 하는 것이지 남이 하라고 하는 것을 따라 하는 것이 아닙니다. 분향소를 지키고 있는 쌍용자동차 노동자들을 보십시오. 이들은 단순히 자기희생을 하고 있는 것이 아닙니다. 이들은 자신이 해야 한다고 생각하는 일을 하고 있는 것입니다. 이것이 행복입니다. 이들이야말로 진짜 행복한 사람들인 거죠. 일반적으로 인정받는 멍청한 행복이 아니라, 정말 자신에게 의미 있는 일을 추구하는, 그런 행복을 실천하는 사람들입니다. 행복이라는 것은 분명 힘든 일을 실행하는 고통스러운 과정일 수 있습니다. 그러나 이 고통은 의미 없는 것이 아닙니다. 확실한 것은 이들의 고통은 행복을 위한 것이지, 불행을 위한 것이 아니라는 것입니다. 단언하건대, 이들은 항상 무엇인가를 걱정하며 다른 것에 정신이 팔려 있는 정부나 관료들, 또는 정치인들보다 훨씬 행복합니다. 권력을 쥔 관리자들은 혐오를 한 몸에 받고 있는 불쌍한 존재들이에요.

이런 의미에서 나는 소비자야말로 행복하지 않다고 주장합니다. 내가 텔레비전을 샀는데, 이웃이 더 좋은 텔레비전을 샀다고 생각해 보세요. 그러면 그 소비가 과연 행복할까요? 당신은 예술가니까, 이런 맥락에서 매우 중요한 역할을 하는 사람이라고 말할 수 있습니다. 만일 당신이 어떤 퍼포먼스를 한다면, 그것은 평범한 사람들의 입장에서 본다면 완전히 다른 소비행위입니다. 내 친구가 나보다 더 좋은 자동차를 가지고 있다면, 나는 시기심을 가지고 그것보다 더 좋든지, 아니면 적어도 더 후진 자동차를 갖는 상황을 피하려고 고통스러워할 것입니다. 마찬가지로 그 친구가 그 자동차를 잃어버린다면 그 못지않게 나도 상실감을 느낄 수밖에 없는, 그런 의미에서 기준은 늘 외부에 있습니다.

그러나 예술가는 아름다운 예술작품을 만들어내는 사람들입니다. 그 예술작품은 직접적인 행복감을 부여하죠. 이렇게 아름다운 것이 세상에 존재한다는 것을 증명하기 때문입니다. 예술적 퍼포먼스는 기적과 같은 것입니다. 평범한 일상을 사는 이들에게 당신의 작품은 '오 세상에, 이런 것이 있었다니!'라는 자각을 환기시킵니다. 이런 방식으로 예술은 '깨어남'을 선사하죠. 예술에 이르면 어떤 시기심도 없다는 것을 알 수가 있습니다. 예술작품을 좋아한다고 예술가에게 시기심을 갖게 되는 것이 아닙니다. 예술가는 부러움을 느낄 수 있는 대상이 아니기 때문입니다. 말하자면, 예술작품에서 느끼는 것은 그냥 그럴 수 있는 거울화입니다. 이것이야말로 오늘날 끔찍하게 상업적인 비엔날레나 살롱 같은 미술제도에 대항해서 예술을 옹호해야 하는 이유입니다. 이런 미술제도는 경쟁을 핵심으로 하고 있다는 점에서 바람직하지 못합니다. 고전주의적인 관점에서 어떤 작품이 훨씬 낫다거나, 더 나은 작품을 소유해야 한다는 식으로 생각하는 것은 예술이라고 보기 어렵습니다. 예술을 위해 해야 할 일이 있다면, 물론 내가 테러리즘을 옹호하는 것은 아니지만, 예술을 독점하고 있는 갤러리들을 불태워버리는 것입니다.

임민욱 (웃음) 이미 그런 작업을 한 작가도 있습니다.

지젝 이런 맥락에서 예술가로서 활동하는 당신과 저기에서 농성을 하고 있는 노동자들 사이에 아무런 모순이나 긴장관계가 없다고 말할 수 없습니다. 당신 같은 예술가들이 저기에 있는 노동자들을 위한 공간을 열어줄 수 있습니다. 저들에게 나쁜 현실만 있는 것이 아니라, 아름다움과 자유가 있을 수 있다는 사실을 보여주는 것이죠. 당신이 있기 때문에 저들도 있을 수 있는 것입니다. 예술가들이 없다면, 저들의 행동은 의미 없는 투쟁이 될 수도 있습니다. 의미 없는 투쟁을 보면서, 사람들은 '그래, 우리 모두 싸우지만, 모든 삶은 결국 비극일 수밖에 없다'고 체념할 수도 있겠지만, 예술가들은 '그렇지 않다'는 가능성을 열어줄 수 있는 것입니다. 대충 얼버무리려고 하는 말이 아닙니다. 예술가들은 정치적 공간을 열어줄 수 있습니다. 많은 정치 투사들이 아름다운 그림을 보고 멋진 음악을 들을 때마다, 자신들이 무엇을 위해 싸워야 하는지 확신한다고 저에게 말하곤 합니다. 예술이 없다면, 투쟁은 결국 더 나은 음식이나 이익을 위한 것에 지나지 않습니다. 아무 의미가 없는 것이죠. 이런 생각은 대단히 중요하지만, 지금의 현실은 정반대인 것처럼 보입니다. 예술은 엘리트의 것이고, 일반 대중은 의미 없는 투쟁을 계속하고 있기 때문입니다. 예술가의 임무는 이 둘을 하나로 묶어주는 것입니다. 이 말은 직접적으로 정치적인 예술을 하라는 의미가 아닙니다. 예술작품에 구현되어 있는 아름다움이나 자유가 중요합니다. 벽이나 나무를 그린 그림에 지나지 않는다고 해도, 그것이 자유를 위한 내면적 공간을 열어줄 수 있다면 정치적인 동기를 부여할 수 있는 것입니다.

선택은 할 수 없을 때
비로소 선택하는 것

임민욱 질문을 자살로 시작한 까닭은, 이 문제가 한국 사회에서 가장 큰 이슈가 되고 있기 때문입니다. 희망버스나 쌍용자동차 분향소 같은 경우도, 결국 자살이라는 비극적 행위에 관한 공감과 무관하다고 보기 어려울 것입니다. 전체적으로 지금 이렇게 몰아가는 분위기가 없지 않아요.

그런데 자살 문제는 지금 10대나 20대와 밀접하게 관련되어 있습니다. 이번 방한 기간 동안 당신이 했던 말 중에 인상 깊었던 것이 "무엇인가를 할 바에 차라리 거부를 하라"던 발언이었는데, 지금 한국 사회를 돌아보면 다른 생각을 할 수밖에 없습니다. 지금 한국의 10대 청소년들에게 가장 문제가 되는 것이, 무엇인가를 하고 싶어도 할 만한 동기가 없다는 사실이고, 무언가를 거부할 수 있다는 것은 그나마 긍정적으로 보이기조차 합니다. 문제는 이들이 삶을 거부하는 지경까지 나아가게 되면서 자살에 이르는 것 같습니다. 이런 까닭에 지금 필요한 것은 무엇인가를 하겠다는 의지를 긍정적인 것으로 평가하는 것, 아니겠습니까? 동기를 스스로 부여할 수 없다는 것이 곧 동기 자체의 위기가 아닌지요?

지젝 중요한 지적입니다. 사람들이 선택의 동기를 갖지 못할 때 자살하는 것이라는 말은 상당히 의미심장합니다. 왜냐하면 지금

우리가 살고 있는 이 세계는 마치 엄청난 선택의 기회가 있는 사회인 것처럼 보이기 때문이죠. 그러나 면밀하게 현실을 살펴보면, 참으로 그 선택이라는 것이 공허하기 이를 데 없다는 것을 알 수가 있습니다. 도대체 어떤 선택을 해야 한다는 것인지, 알 수가 없어요. 그렇죠, 우리는 코카콜라나 펩시콜라 중에서 선택을 할 수 있습니다. 이런 형태의 선택만이 허락되는 사회인 것입니다. 이것이 역설입니다. 선택의 기회는 널려 있지만, 근본적인 선택을 할수가 없습니다. 삶을 어떻게 이끌고 갈 것인지에 대한 선택 같은 것을 할 수가 없어요. 무수한 선택의 기회는 사실 우리가 정말 중요한 것을 선택할 수 없다는 사실을 가리고 있는 허위입니다.

또 다른 한편, 정치의 국면에서 보자면 우리는 종종 무엇인가를 억지로 선택해야 하는 것처럼 보입니다. 그러나 우리는 엄밀한 현실적 정보에 근거해서 단순하게 합리적인 선택을 할 수가 없습니다. 예를 들어, 미국의 경우 이라크를 공격하겠다고 했을 때, 많은 이들은 '사담 후세인은 나쁜 독재자이고, 그래서 전쟁을 하는 것이 타당하다'고 선택을 할 수 있지만, 이 모든 상황이 사실은 조작된 것이기 때문에 곤경이 발생합니다. 사담 후세인이 독재자인 것은 사실이지만, 그를 미국이 공격하는 것도 옳지 않은 일이기 때문입니다. 그러나 현실적으로 보면, 사담 후세인을 반대하든지, 아니면 미국을 반대하는 둘 중의 하나를 선택하는 수밖에 없었습니다. 어떤 실질적인 선택을 할 수 없다는 뜻입니다. 이것이 진짜 문제입니다.

여기에서 윤리적인 메시지가 있는데, 진짜 선택을 할 때, 절대 그 선택을 결코 과자점에 가서 하는 것처럼 하지 말라는 것입니다. 그 선택은 딸기 케이크를 먹을 것이냐, 초콜릿 케이크를 먹을 것이냐, 이런 문제가 아닙니다. 선택은 반드시 그렇게 할 수밖에 없을 때 하는 것입니다. 이것은 확실히 역설적이죠. 선택을 할 수 없을 때 비로소 선택하는 것이니까.

임민욱 한국은 올해 총선과 대선 모두 있는데, 총선은 이미 끝났고 이제 대선을 기다리고 있습니다. 민주주의도 일종의 선택이라고 할 수 있다면, 이 선거에서 어떤 결정을 내리는 것이 타당할까요? 정당 정치의 한계가 명백한 상황에서 투표를 통해 표현되는 시민의 정치는 어떤 의미를 갖고 있습니까?

지젝 일반적인 맥락에서 말하자면, 당신이 선거에서 판단해야 할 것은 무엇이 진짜 이슈이고 무엇이 진짜 선택인지 여부입니다. 대부분의 서구 사회에서 선거라는 것은 진짜 선택이 아닙니다. 한국의 상황이 구체적으로 어떤지 모르겠지만, 서구 사회의 경우는 선거에 대해 별 의미를 두지 않는 것이 오히려 현명하다는 말까지 있습니다. 하지만 때로 선거는 중요한 것이기도 하죠. 철학적인 역설이 여기에 있습니다. 선거는 확실히 우리의 선택입니다. 그러나 이 선택은 진짜 선택을 가리는 역할을 하기도 합니다. 진짜 행동이라는 것이 선거에서 투표하는 것이 아닐 수도 있습니다. 권력을 쥔 자들을 향해서 "미안하지만 당신들은 진짜 선택권을 주지 않고 있다"고 항변할 수 있는 것입니다. 이것이 오늘날 대의민주주의에 제기되고 있는 문제입니다. 민주주의 행위가 점점 공허해지고 집권 세력을 합법적으로 인준해주는 의례 이상의 의미를 갖지 못하는 것이죠. 선거를 통해서 이루어지는 것은 아무것도 없는 것처럼 보입니다. 정기적으로 의례를 행하는 것에 가깝죠. 실제로 우리는 중요한 경제 문제 같은 것을 선거로 결정하지 않습니다. 은행가나 전문가가 어떤 결정을 내리는지 우리는 몰라요. 결정적인 문제는, 우리가 가지고 있는 민주주의라는 것이 제대로 작동하지 않는다는 사실입니다. 민주주의 제도라는 껍데기만을 갖고 있을 뿐입니다. 이런 상황에서 우리는 다른 민주주의의 메커니즘을 발견해야만 합니다. 왜냐하면 우리가 살고 있는 이 사회는 진짜 선택을 할 수가 없는 곳이기 때문입니다. 우리에게 중요한 결정을 다른 누군가에게 맡겨놓고 있다는 것입니다.

다시 쌍용자동차 노동자 문제로 돌아가서 이야기해 볼까요. 어떤 정당이 이들에게 공허한 약속이 아니라 사회적 안전을 확보하기 위한 기준들을 수립하고 이런 경우가 발생하지 않도록 하겠다고 진짜 약속을 한다면, 정말 굉장한 혁명 같은 것이 필요 없이, 간단하게 이들을 투표로 선택할 수 있을 것입니다. 물론 여기에서 중요한 것은 이 정당이 확실하게 그것을 수행할 수 있는 의지를 가졌다는 사실을 확인하는 것이겠지만. 권력을 가진 자들은 경제적인 이유 때문에 사회보장제도를 못하겠다는 식으로 이야기하겠지만, 한국이라는 곳은 충분히 부유하다는 점에서 못할 이유가 없을 것입니다. 이런 것을 추진하겠다는 정당에게 투표하는 것이 선거에서 일어날 수 있는 진짜 선택이라고 할 수 있습니다.

임민욱 당신은 줄곧 염세주의자라고 말했지만, 한편으로는 냉소주의에 대해 경계하는 태도를 취하는 것 같았습니다. 내게 염세주의는 곧 냉소주의를 낳는 불가분의 한 쌍처럼 보이기도 하는데, 당신에게 이 둘은 어떤 관계인지요?

지젝 여기에 역설이 있습니다. 희망과 염세주의는 같이 가는 것입니다. 왜냐하면 염세주의는 우리가 지금 위험한 시기에 있다는 것을 말해주는 것이기 때문입니다. 말하자면 위협을 느끼는 상황인 것입니다. 따라서 염세주의적인 상황은 가능성을 향해 열려 있는 것이고, 그렇기에 개입의 기회를 줄 수 있다는 의미이기도 합니다.
  위험은 곧 더 나은 변화를 추진할 수 있는 기회입니다. 변화는 위험을 초래할 수 있을 때, 의미를 가집니다. 이런 의미에서 나는 염세주의자라고 말하는 것입니다. 다시 한번 인용하자면, 중국인들은 미워하는 사람들에게 '흥미로운 시대'에 다시 태어나라고 말한다고 합니다. '흥미로운 시대'는 전쟁과 기근 같은 것으로 변화가 심한 격동기를 뜻하죠. 격동기에 태어나서 고생을 해보라는 말입니다. 우리는 지금 이렇게 위험과 희망이 동시에 존재하는 흥미로운 시대에 살고 있습니다.

에필로그 _ **지젝견문록**

지젝과 함께한 일주일

이택광

슬라보예 지젝이 한국에 옵니다. 방문 기간 동안 두 번에 걸쳐 대중 강연을 진행할 예정입니다. 지젝의 방문이 정치적 실망에 빠진 한국의 대중에게 중요한 메시지를 던지는 퍼포먼스였으면 합니다.

_지젝의 방한을 알린 트위터 글 중에서

지젝,
한국에 오다

2012년 5월 어느 날 저녁 무렵, 한 통의 전화가 날아들었다. 멀리 슬로베니아 루블랴냐에서 건너온 석쉼한 목소리가 휴대폰 전자음을 타고 전해졌다. 슬라보예 지젝이었다. 일전에 인터뷰 때문에 전화번호를 주고받은 적이 있었는데, 역시 주도면밀한 성격답게 내 연락처를 기록해 두었다가 전화를 걸어온 것이었다.

어떤 학술단체가 그에게 기조강연을 부탁하고 싶어 했는데, 그 때문에 중간에서 그 단체와 지젝 사이에 다리를 놓아주려고 몇 번 이메일을 보냈던 것이 발단이었다. 지젝은 그 단체의 초청에 응하지 않았고, 그래서 상황은 종결되는 것처럼 보였다. 그런데 지젝이 따로 연락을 취해온 것이다. 아시아에서 '공산주의의 이념'The Idea of Communism 콘퍼런스를 하고 싶은데, 도와줄 수 있는지 물어보기 위함이었다. '공산주의의 이념' 콘퍼런스는 알랭 바디우와 함께 매년 진행하는 이론적인 학술대회였는데, 이번에 아시아에서 개최하고자 노력 중인 것 같았다.

당연히·한국은 최적이었다. 중국과 북한이라는 '역사적' 공산주의 국가의 중간에 놓여 있는 지정학적인 위치도 상징적이었으니 말이다. 지젝은 중국에 대한 좋지 않은 기억을 가졌는데, 자신의 발표문을 검열하고 수정하도록 요구했기 때문이었다. 한국은 중국에 비한다면 훨씬 개방적이라고 판단하는 듯했다. 그러나 시간이 너무 촉급해서 이 계획은 다음으로 미루어졌고, 사전 답사 겸 먼저 한국을 방문하는 것이 어떤지 의견을 건네었다. 지젝은 흔쾌히 승낙했다.

지젝 정도 되는 철학자가 조용히 왔다 가는 것도 이상한 일이라서 일체 경비를 자신이 부담하겠다는 것을 만류해 초청자를 찾았고, 거기에 맞춰 특강을 부탁했다. 경희대와 아트앤스터디가 초청 특강을 준비하고 경비를 나눠서 부담하기로 했다. 아트앤스터디는 한 의류회사를 섭외해서 이번 행사를 주최했는데, 그 회사에서 체재비 전부를 후원했다. 몇 가지 논란은 있었지만, 직접적으로 수익이 발생하지도 않는 이런 행사의 협찬을 결정했다는 점에서 나로서는 감사한 일이었다.

특강 이외에 지젝이 하고 싶어 했던 것은 한국 사회에서 이슈가 되고 있는 장소를 방문하는 것이었다. 비무장지대와 대한문 앞 쌍용차 분향소가 이런 이유로 선택되었다. 지젝의 요청은 어떤 학술단체나 정부기관도 자신의 방한에 일절 관여하지 않는 것이었고, 그래서 독립적으로 일을 추진할 수밖에 없었다. 공식 만찬이나 격식을 갖춘 의전 같은 것들은 따라서 모두 생략됐다. 티셔츠 바람으로 남대문시장을 돌아다니면서 만 원짜리 바지를 사는 '자유'를 그는 포기하고 싶지 않았던 것이다.

장소만 찾을 것이 아니라, 활동하는 지식인을 만나보는 것이 중요하다는 취지에서 진보의 이념을 포기하지 않고 있는 진보신당 대표 홍세화와 꾸준하게 공공미술 영역에서 성과를 내온 설치미술가 임민욱을 추천했다. 홍세화와 함께 좌파정당에 대한 지젝의 고민을 들어보고, 다음에 출간할 예술 관련 책에 대한 대화

를 임민욱과 나눌 수 있도록 준비했다. 둘 다 평소 한국 사회에 대해 치열한 고민의 끈을 놓지 않은 분들이기 때문에 훌륭한 대화가 이루어질 것이라 여겼고, 결과적으로 예상했던 것보다 더 알찬 결실을 맺었다는 생각이다.

방한 이후 첫 번째 일정은 홍세화 인터뷰, 비무장지대 방문이었다. 도라산역에 도착한 지젝은 흥분을 감추지 못했다. '남쪽의 마지막 역이 아니라, 북쪽으로 가는 첫 번째 역입니다.'Not the last station from the South, But the first station toward the North라고 쓰여진 표지판을 읽으며 그는 "마치 여기에서 금방이라도 평양행 열차를 타고 떠날 수 있을 것 같지만, 사실은 이 모든 것이 불가능한 꿈을 표현한 조형물에 지나지 않는 것 같다"는 인상 깊은 말을 남겼다. 지젝의 사유는 기본적으로 이데올로기에 관한 것이다. 그래서일까. 그의 눈에 비치는 모든 것이 철학적 논쟁의 대상이었다. 이데올로기가 어떻게 우리의 생각을 대신하는지에 대한 흥미로운 통찰들과 농담들이 그의 입에서 폭포처럼 쏟아져 나왔다.

두 번의 강연에서 그가 강조한 것은 '총체성에 대한 파악'이었다. 이데올로기는 이런 총체성을 파악하기 위한 함축이기 때문에, 이데올로기의 작동원리를 분석하는 것은 인식의 문제에서 대단히 중요하다는 말이다. 총체성은 수미일관하지도 않고 매끄럽게 논리적으로 설명할 수도 없다. 따라서 어떤 현상을 총체적으로 파악한다는 것은 그 현상과 관련된 모든 증상과 적대, 그리고 비일관성까지도 전체의 일부로 받아들여야 한다는 것을 의미한다. 이런 방식으로 그에게 중요한 것은 바로 자본주의 시스템 자체에 대한 분석이다.

그러나 지금까지 자본주의를 비판하는 이들이 보여준 것은 자본주의 자체에 대한 분석이라기보다 자유민주주의 체제를 어떻게 수리해서 다시 쓸 것인가에 관한 문제였다. 이런 방식의 대응으로는 근본적인 문제를 해결하지 못한다는 것이 지젝의 주장이다. 물론 그의 주장에 대해 '비현실적'이라고 비판할 수 있을 테지만, 지젝은 현실적인 생각의 가장자리를 파고드는 철학자이기 때문에 이런 입장에서 이루어지는 비판이 적절한지 의구심이 든다.

출국 하루 전날 지젝은 두 가지 일정을 소화했는데, 대한문 앞 쌍용차 분향소 방문과 그 현장에서 이루어진 임민욱과의 인터뷰였다. 둘 다 한국 사회에 관한 지젝의 관심을 반영한 일정이었다. 쌍용차 희생자 추모 분향소에 분향하고 절을 올렸던 지젝은 출국할 때 쌍용자동차 캠페인 티셔츠를 입겠다고 약속했는데, 다음날 출국장에서 어김없이 그 약속을 지키는 모습을 보여줬다. 겉으로 보이는 '농담하는 지젝' 뒷면에 진지하게 전략을 고민하는 '정치적 지젝'이 있다는 사실을 알 수가 있었다. 지젝은 쌍용자동차 해고 노동자의 입장을 경청하고 그들에 대한 위로와 제안을 남겼다.

곧이어 같은 장소에서 이루어진 임민욱과의 인터뷰에서 지젝은 정치와 예술에 대한 흥미로운 생각들을 풀어놓았다. 임민욱은 한국의 정치 상황을 설명하면서 다가오는 대통령 선거와 정치적 선택의 문제를 제기했다. 그러자 지젝은 한국의 경우 어떤 정부를 선택하는지 중요한 문제일 수 있기 때문에 선거 자체를 부정할 수는 없다고 말하면서, 현실적인 문제를 해결할 수 있는 정치인을 선출해야 한다고 강조했다.

물론 이런 지젝의 발언은 장기적 전망과 함께 현실적인 사안들을 그때마다 해결하도록 노력하는 것이 중요하다는 평소 주장을 되풀이한 것이기도 하다. 또한 예술에 대한 논의를 아꼈던 지젝은 임민욱 인터뷰에서 "혁명적 정치성을 실험하고 경험하게 해줄 수 있는 행위"라고 공공예술의 중요성을 거론했다. 이에 대한 논의들이 다음에 출간할 책에 담길 예정이라고 밝혔다는 점에서 흥미롭다고 하겠다.

이번 지젝 방한은 공식적인 단체나 기관의 초청이 아니라 본인 자신이 원해 전격적으로 이루어졌다는 사실에서 그 의미를 찾을 수 있을 것이다. 항공료와 체재비 이외에 일절 후원을 거절한 그의 태도도 고려해볼 사항이다. 지젝이 방한하고자 했던 목적은 '공산주의의 이념' 콘퍼런스를 한국에서 개최할 수 있을지, 그 가능성을 타진하고자 했던 것이다. 한국 사회가 이 '위험한 철학자들'을 불러서 공산주의에 대해 논하는 자리를 허락할 수 있을지는 알 수 없는 일이지만, 여하튼 성사가 된다면 세계에서 가장 뜨거운 철학적 논쟁들을 한국에서 접할 수 있게 될 것이다.

살아 있는
이데올로기에 대한 관심

무엇보다도 지젝은 비무장지대를 방문해서 분단 상황이 만들어 낸 이데올로기의 현장을 보고 싶어 했다. 평소 주장해온 역설의 장면들을 발견할 때마다 그는 흥미로워했다. 잊지 못할 에피소드 하나가 있다. 한국에서 북한이 어떻게 재현되고 있는지 보기 위해 그는 기념품점에서 북한 상품을 찾았다. 기념품점에 진열되어 있는 북한 상품은 주로 술이었는데, 그중에 약간 포장이 다른 것이 있었다.

눈썰미가 보통 아닌 지젝은 그 술의 정체를 단번에 물었다. 안내문을 자세히 읽어보니, 탈북자들이 제조한 술이었다. 지젝은 파안대소하면서 "변절자들이 만든 술이군"이라고 농담을 했다. 순간 일전에 논란이 되었던 임수경 의원의 발언을 떠올리지 않을 수 없었다. 현실 공산주의 국가에서 산 경험이 있는 지젝이 '변절자'라는 용어를 사용하는 것은 자신의 과거에 대한 패러디라고 볼 수 있다. 이미 지나가 버린 과거이기에 농담 삼아 당시에 횡행했던 말들을 아무렇지 않게 내뱉을 수 있는 것이다.

그러나 만일 지젝이 한국인이었다면, 임수경 의원 해프닝이 잘 말해주듯 '변절자'라는 용어를 함부로 사용할 수 없었을 테다. 탈북자를 '변절자'라고 부르는 순간, 사상에 대한 의심을 받을 것이기 때문이다. 가벼운 농담이 통하지 않는 심각한 상황이 가로놓여 있는 셈이다. 왜 이런 차이가 발생하는 것일까? 현실 공산주의에서 태어나 자란 지젝에게 이미 철 지난 의미를 가진 '변절자'라는 말이 자유민주주의를 체제이념으로 삼는다는 한국에서 왜 문제가 되어 분위기를 험악하게 만들었던 것일까? 그 발언으로 탈북자들이 모욕감을 느꼈다면, 당사자들끼리 사과하고 지나가면 될 일이었다. 그럼에도 상황은 종북 논쟁으로 비화되어 급기야 공당의 원내대표라는 분이 종북주의자 명단을 거론하며 전형적인 매카시즘의 행태를 보이는 지경에 이르렀다.

지젝에겐 농담의 대상에 지나지 않는 과거의 이데올로기가 한국에선 여전히 맹렬한 생명력을 발휘하는 것은 무엇을 의미하는 것일까? 그것도 전체주의가 아닌 자유민주주의라는 이름으로 특정 세력들을 '제거'하는 것을 정의의 기준으로 설정하는 웃지 못할 일이 벌어지고 있는 상황은 합리적인 논리로 설명하기 곤란하다.

지젝이 '변절자'라는 말을 대수롭지 않게 사용할 수 있는 것은 바로 '이데올로기의 종언'이라는 조건 덕분이다. 이데올로기의 종언을 가장 열심히 주장한 이들이야말로 자유민주주의자들이었는데, 결과적으로 탈이데올로기의 상황이 초래한 것은 무엇이든 할 수 있지만, 사실은 그 때문에 아무것도 할 수 없는 곤경이었다. 이데올로기가 사라지면 좋은 세상이 올 것이라고 생각했던 우파들에게 그 무엇도 제대로 판단할 수 없는 혼란은 기대하지 않았던 '고양이의 선물(고양이는 주인 좋아하라고 사냥한 쥐나 새 등을 가져다주는데 이것이 보복인지 선물인지 모른다는 의미_편집자)'이었다. 이런 까닭에 현실 공산주의권의 붕괴를 자유민주주의의 완성으로 간주하고 역사는 끝났다고 선언했던 미국의 정치학자

프랜시스 후쿠야마가 더 이상 자신을 후쿠야마주의자가 아니라고 말하는 것인지도 모른다.

이데올로기가 없는 세상은 우파들에게 결코 행복하지 않았다. 지난 대선에서 '잃어버린 10년'을 회복하자고 이명박 정부를 선택했던 한국의 우파들은 지난 4년간 아무것도 제대로 할 수 없는 자신들의 무능력을 입증할 수밖에 없었다. 천안함 사태는 그렇다 치더라도, 연평도 포격이라는 명백한 '증거' 앞에서도 한국의 우파들은 독자 행동을 취하지 못했다. 세계의 이목 따위는 안중에도 없이 복수혈전을 펼쳤던 과거 이스라엘 우파들과 비교되는 실력인 셈이다. 걸핏하면 북한 공산당을 때려잡자고 외치던 한국의 우파들이지 않은가? 그런데 정작 기회가 왔을 때 이들은 아무것도 때려잡지 못했다. 왜냐하면 아무도 전쟁을 원하지 않았으니까.

통합진보당 사태와 임수경 의원 발언으로 불거진 종북 논쟁은 이런 우파들의 무능력을 만회하기 위한 회심의 반격이라고 할 수 있다. 그러나 이것은 북한이라는 '실질적 공포'를 회피하기 위해 촉발시킨 우파들의 반공 '코스프레'에 지나지 않는다. '실질적 공포'와 대면하기에 한국의 우파들은 지켜야 할 것이 너무 많다. 따라서 종북 논쟁은 결코 북한 자체를 문제 삼는 것이라고 보기 어렵다. 오히려 북한이라는 '절대 악'을 건드리지 않으면서, 효과적으로 자신의 이해관계를 관철시키고자 하는 의도가 이 상황에 드리워져 있는 것이다. 탈이데올로기의 시대에 다시 이데올로기의 숭고를 불러들이려는 푸닥거리가 바로 종북 논쟁이라고 하겠다.

방한한 지젝이 보고 싶어 했던 것도 이런 역설이었을 것이다. 다른 곳에서는 화석이 되어버린 이데올로기가 살아 숨 쉬는 모습이 이방인의 눈에 신기하게 보였을 것이다. 물론 비무장지대가 외국인에게 훌륭한 관광지가 된 것은 오래전 일이다. 지젝이 특별해서 한국의 분단 현실에 관심을 가진 것은 아니라는 뜻이다. 말로는 분단을 극복하자면서, 실제로 그 분단을 이용하고 있는 세력이 이런 상황을 지속시키고 있다. 이 세력이 남아 있는 한, 앞으로도 지젝 같은 이들이 한국에 오면 으레 비무장지대에 가고 싶어 할 것이다.

그가
남긴 것

앞서 이야기했듯이, 지젝이 방한 의사를 밝혀온 것은 한국에 관한 관심 때문이었다. 2003년에 방한한 뒤의 변화한 모습을 보고 싶다는 이유였다. 나 역시 정치적 실망으로 인해 철학을 요청하는 지금 한국 사회에서 지젝의 방한이 어떤 계기를 마련할 수 있을까라는 생각을 했다. 물론 망설이지 않은 것은 아니었다. 지금까지 이루어진 다양한 유명인사들의 방한이 일회성 이벤트로 그쳐버렸고, 그다지 큰 반향을 한국 사회에 불러일으켰다고 보기 어렵기 때문이었다.

또한 외국의 유명인사를 데려다 '한국의 현실'에 대해 물어보는 해프닝이 되풀이되는 상황도 그렇게 탐탁지 않았다. 그래서 종전처럼 학계 중심의 강연이 아닌 대중 강연을 열어보자는 취지를 지젝에게 전달했다. 지젝은 흔쾌히 승낙했고 경비 부담만 된다면 강연료도 받지 않겠다는 의사를 전해왔다. 순조롭게 방한 계획은 추진되었고, 경희대와 건국대에 각각 강연 장소도 마련되었다. 처음에 별반 기대하지 않았는데, 의외로 반응이 뜨거웠다. 2008년 자크 랑시에르 방문과 사뭇 다른 분위기였다. 방한 일정이 알려지자 문의가 쇄도했고, 이런 관심은 강연장으로 이어졌다. 강연장에서도 지젝 열풍은 대단했다. 두 시간이 넘게 진행되었지만 강연장을 떠나는 사람들은 거의 없었다. 사실 강연 자체보다 질의응답 시간이 훨씬 더 흥미로웠다. 자기과시욕을 뽐내는 바람에 눈살을 찌푸리게 만든 질문자도 없지 않았지만, 대체로 소박하지만 의미 있는 질문들이 나왔다.

특히 지젝이 '스타벅스 철학자'로 소비될 수 있는 현실에 대한 질문은 구태의연한 것이지만, 지젝의 입장에서 나름 의미 있는 것이었다고 하겠다. 하기야 지젝을 읽었다면 그가 스타벅스 따위에 비교될 수 없는 위험한 철학자라는 사실을 알겠지만, 지젝 자신이 그렇게 소비되는 것은 또 다른 문제였다. 실제로 지젝을 마케팅에 이용하려는 시도가 없지 않았고, 이런 실수가 지젝 방한에 대한 의구심을 키운 것도 사실이다. 이 때문에 내 처지가 난처해졌고, 양해를 구해서 문제가 된 부분을 급하게 수정하기도 했다.

지젝의 대답은 크게 인상적이진 않았지만, 아이러니한 지점들을 꿰뚫는 그의 언변이 삐거덕거리는 논리를 매끄럽게 만들어줬다. 질문에 걸맞은 적절한 답변이었다는 생각이다. 지젝에게 던져진 질문은 이른바 좌파 지식인이라면 공통적으로 직면하는 문제이지만, 그 대답 역시 비슷하다. 문제는 지젝을 소비하는 행태를 비난할 것이 아니라, 지젝의 책을 잡고 읽어 내려가는 것이다. 그 지점에서 소비될 수 없는 지젝의 철학을 읽어낼 수 있어야 한다.

지젝은 폭력을 말하는 철학자이기에 감미로운 음악이 흐르는 카페에서 그의 철학책을 읽는 것이 적절하다고 말하기는 어려울 것이다. 그러나 언제나 지젝이 너스레를 떨면서 하는 말처럼, "Why not?" 그렇게 읽는 철학이 심각한 표정으로 열람실에 앉아서 읽는 철학보다 덜 심각하다고 말하기는 어려울 것 같다. 어차피 철학의 문제는 추상적인 차원에 있는 것이고, 실질적인 문제를 해결하려면 다른 차원으로 그 생각들이 전환되어야 한다. 그래서 필요한 것이 행동하기 전에 생각하는 것이다. 어떤 생각을 해야 할까? 이데올로기의 작동 방식에 대한 생각이다. 모든 것은 이데올로기이다. 심지어 이데올로기의 종언이라는 것도 이데올로기인 셈이다. 끊임없는 의심의 사유가 바로 이런 생각의 핵심이다. 지젝이 말하고자 하는 실천 지침은 쉴 새 없이 의심하고 사유하라는 것이다. 그가 다녀간 자리에 남겨진 과제를 한국 사회가 얼마나 받아들일지 지켜볼 일이다.

임박한 파국
슬라보예 지젝의 특별한 강의

기획 이택광
취재 임민욱·홍세화

2012년 11월 30일 초판1쇄 발행
2014년 9월 15일 2쇄 발행

펴낸이 강경미
펴낸곳 꾸리에북스
출판등록 2008년 8월 1일 제313-2008-000125호
주소 서울 마포구 성지길 36, 3층
전화 02-336-5032 **팩스** 02-336-5034
전자우편 courrierbook@naver.com

ISBN 978-89-94682-10-5 03300
값 12,000원